湖湘一代名医

吴汉仙学术思想研究

方奎明　李江辉　黎　珊　主编

中国科学技术出版社
·北京·

图书在版编目 (CIP) 数据

湖湘一代名医：吴汉仙学术思想研究 / 方奎明，李江辉，黎珊主编 .-- 北京：中国科学技术出版社，2025.9.--ISBN 978-7-5236-1638-3

I.K826.2

中国国家版本馆 CIP 数据核字第 20255EJ023 号

策划编辑	于　雷　韩　翔
责任编辑	于　雷
文字编辑	卢兴苗
装帧设计	王　飞
责任印制	徐　飞

出　　版	中国科学技术出版社
发　　行	中国科学技术出版社有限公司
地　　址	北京市海淀区中关村南大街 16 号
邮　　编	100081
发行电话	010-62173865
传　　真	010-62179148
网　　址	http://www.cspbooks.com.cn

开　　本	710 mm × 1000 mm　1/16
字　　数	155 千字
印　　张	12
版　　次	2025 年 9 月第 1 版
印　　次	2025 年 9 月第 1 次印刷
印　　刷	北京博海升彩色印刷有限公司
书　　号	ISBN 978-7-5236-1638-3
定　　价	68.00 元

吴汉仙

（1876—1948年）

湖南岳阳县人，字捷三，号柈湖医叟。多次参与反对废止中医的请愿斗争。1934—1937年任湖南国医专科学校（湖南中医药大学前身）副校长，1937—1941年任校长。

2024 年 5 月 1 日，主编方奎明（左）采访吴汉仙名医徒孙王三淼名老中医（原岳阳县人民医院中医科主任）

2024 年 5 月 1 日，主编方奎明（左二）、刘忠福（右一）在岳阳县中医医院院长袁志波及岳阳县散文学会会长陈新陪同下采访吴汉仙名医之孙吴高陵老师（中）

2024 年 8 月 27 日，湖南中医药大学党委书记戴爱国（本书顾问，前排右二）与主编方奎明（右一）研讨《湖湘一代名医：吴汉仙学术思想研究》书稿

2024 年 8 月 27 日，湖南中医药大学党委书记戴爱国（本书顾问，左一）赴岳阳县荣家湾镇拜访吴汉仙老校长后人——吴高陵夫妇（右一、右二），并进行亲切交谈

2024 年 8 月 27 日，湖南中医药大学党委书记戴爱国（本书顾问，左九）、副校长刘富林（右七）一行在岳阳县中医医院实地考察该院的吴汉仙文化长廊、中医药特色诊疗中心等情况，并与工作人员合影（主编方奎明、李江辉、黎珊陪同）

2024 年 8 月 27 日，湖南中医药大学党委书记戴爱国（本书顾问，左八）一行在市政府副秘书长余风祥（左九），市卫健委党组书记、主任余岳雄（左七）陪同下考察调研该校附属医院——岳阳市中医医院，并与工作人员和本书部分编委会成员合影

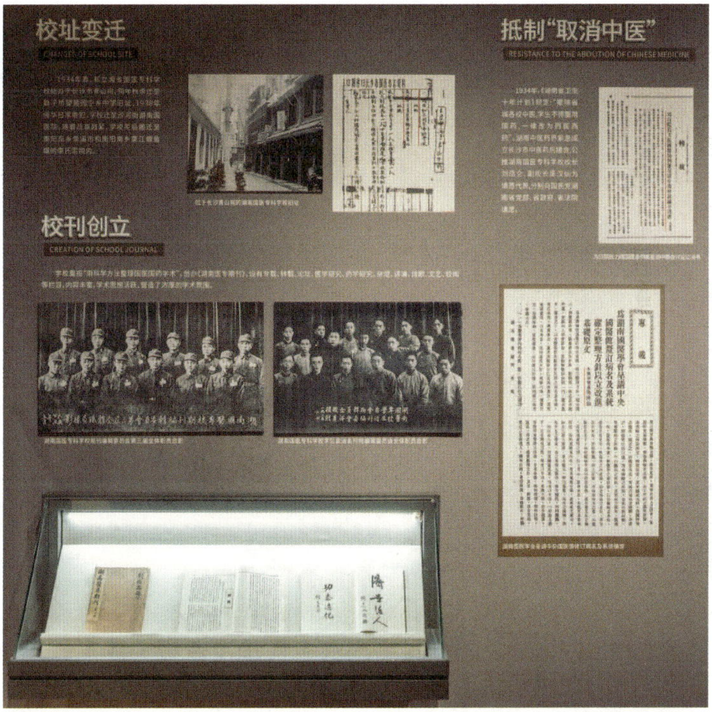

位于长沙市青山祠的湖南国医专科学校旧址及校刊创立情况

（图片来源于湖南中医药大学校史馆）

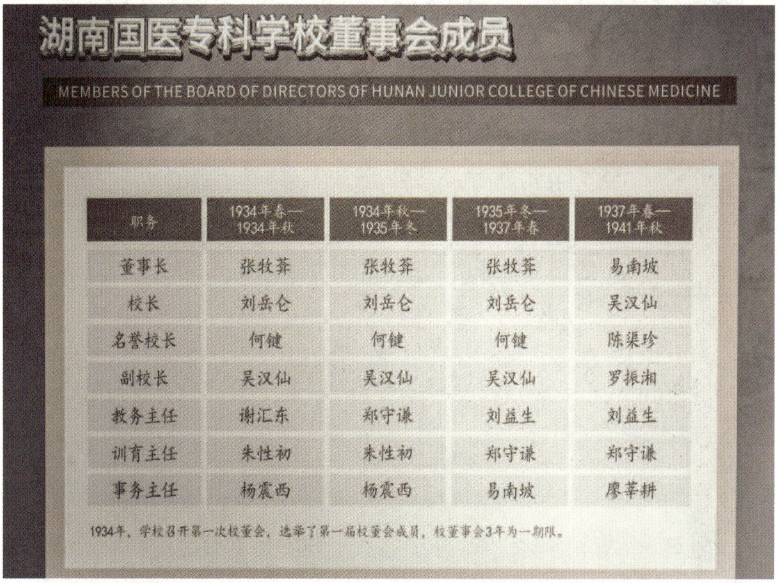

1934—1941 年，湖南国医专科学校董事会成员

（图片来源于湖南中医药大学校史馆）

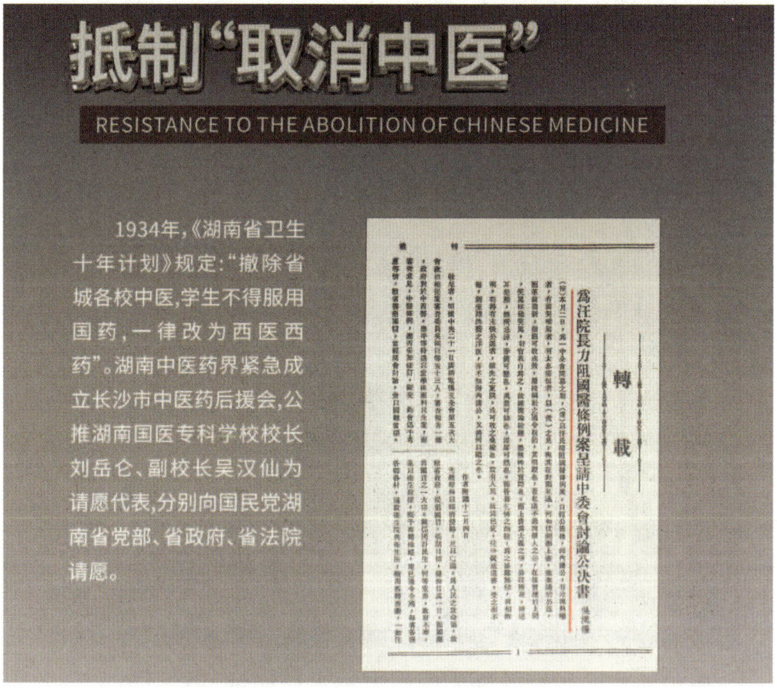

1934 年为力阻国医条例案呈请中委会讨论公决书

（图片来源于湖南中医药大学校史馆）

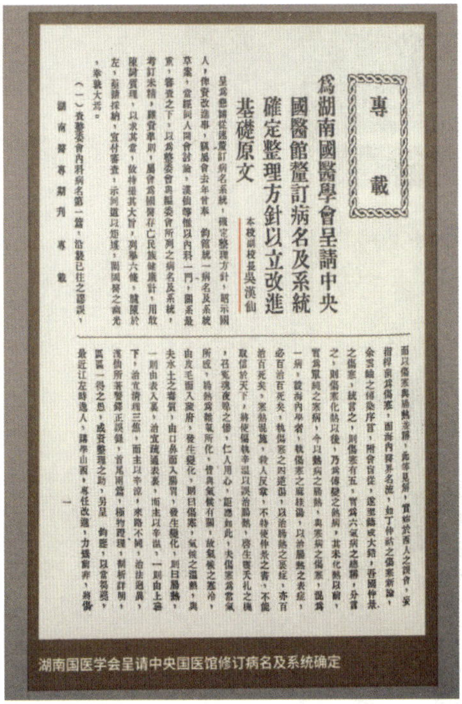

湖南国医学会呈请中央国医馆修订病名及系统确定
（图片来源于湖南中医药大学校史馆）

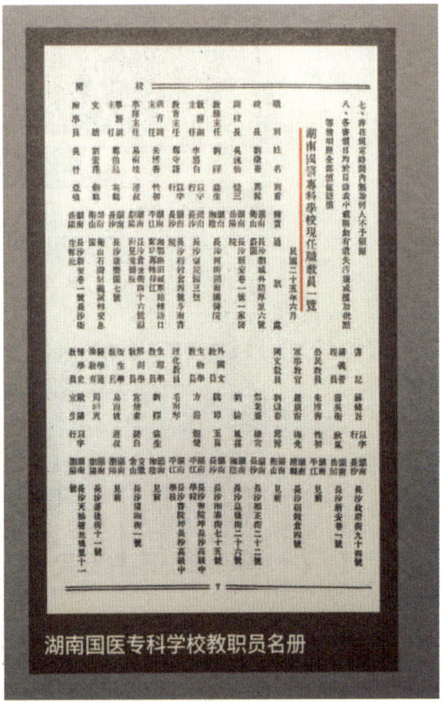

湖南国医专科学校教职员名册
（图片来源于湖南中医药大学校史馆）

一代名医吴汉仙所作《医界之警铎》及其徒孙名中医王三淼（原岳阳县人民医院中医科主任）所著《增补药性赋》和《中医学用一鳞》
（2024 年 5 月摄于岳阳县荣家湾镇鹿角卫生院）

2022 年 5 月 20 日，本书编者刘忠福走访湖南中医药大学校史馆

湖南中医药大学新校址大门（含浦校区）

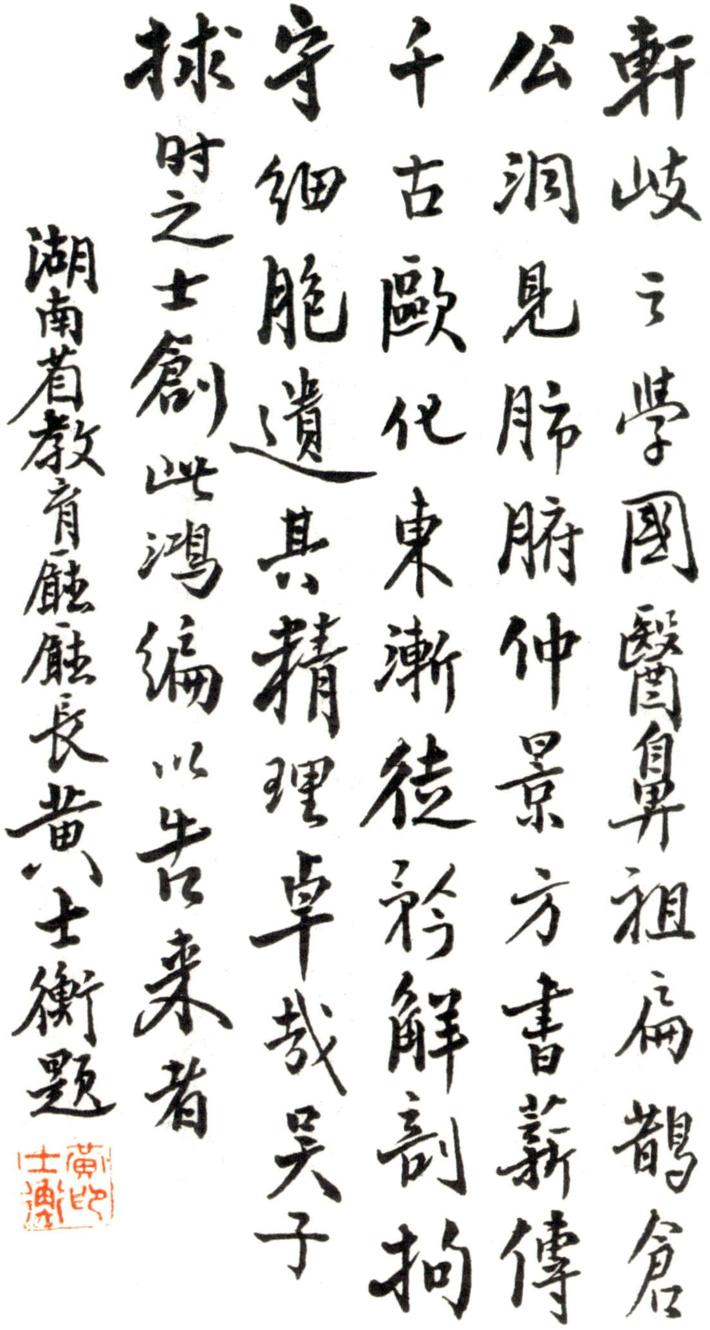

时任湖南省教育厅厅长黄士衡题词

（题词来源于名医吴汉仙所著《医界之警铎》一书）

長沙聖者祖不作嗚呼吾道久衰落何来猘犬偏噬
人詭辯狂談百不怍矯々延陵振臂呼大張旗鼓鬥
方略下筆縱橫數萬言鍼膏砭肓起廢痼鐵椎一擊
祖龍驚繼武和田惟警鐸

中央國醫館理事湖南
長沙市國醫公會主席劉嶽崙敬題

时任中央国医馆理事、湖南省长沙市国医公会主席刘岳仑题词
（题词来源于名医吴汉仙所著《医界之警铎》一书）

编著者名单

主　审　戴爱国　张世愚　余岳雄

主　编　方奎明　李江辉　黎　珊

副主编　胡　明　周振峰　刘忠福　沈智理

方谭玮　艾金长　卢　磊　唐　奇

编　者　（以姓氏笔画为序）

方奎明　方谭玮　艾金长　卢　磊

刘亚利　刘忠福　李江辉　杨　丹

杨飞跃　沈智理　周振峰　胡　明

胡海燕　唐　奇　程垦华　赖连科

雷东方　谭涵宇　黎　珊

内 容 提 要

吴汉仙不仅是名中医，更是延续中医药火种的捍卫者、湖湘中医药学术思想的集大成者、中西医结合思想的开拓者。本书从多维度介绍了吴汉仙的生平与学术。传记部分考其生平、述其贡献、析其学术思想；医案精选通过实际案例整理医疗经验；回忆录借助后代口述与文献资料讲述名医故事；论文及著作选登助力读者理解其学术精髓；书末附录则对相关著作与大事件等加以说明，助读者把握时代背景下吴汉仙对中医药事业的贡献。本书不仅是对吴汉仙个人学术成就的总结和传承，更是中医领域的一份珍贵财富，对广大中医从业者、中医爱好者及中医文化研究者具有重要的参考价值和学习意义。

戴序

作为中华民族原创的医学科学，中医药学是人们在长期的医疗实践中进行总结、提炼、升华，形成对生命、疾病、治疗、养生等的理性认识和基本观念。一代代中医药人不断总结中医药与疾病斗争的有效经验，创新中医药理论体系、诊疗方法，最终形成了“阴阳五行学说”“脏腑经络学说”“精、气、血、津液学说”“卫气营血学说”“气机升降学说”“四气五味”“君臣佐使”等富有浓郁中国文化特色、博大精深、兼收并蓄、多元共存的中医学术体系。

“传承不泥古，创新不离宗”，是中医药长盛不衰的秘诀。虽历经几千年的大浪淘沙，中医药仍历久弥新、熠熠生辉，其内生动力在于一代代中医药人坚持在守正创新的道路上精耕细作。只有在传承先贤学术思想、临床经验基础上的中医药创新，才是一种有根基、有内涵、有生命力的创新，才能令中医药学臻于学术发展的新高峰。

传承研究中医药先贤名家的学术思想之意义，在于学习其独具特色的理论体系和临证诊疗技术，从其鲜活的临床经验中汲取营养；在于在传承过程中追本溯源，培养纯正的中医思维，夯实传统的中医理念，坚定走中医之路的信心。这既是加强中医药人才培养、提高中医临床服务水平的重要举措，也是推动中医学术进步和理论创新的迫切需要，更是为世界医疗卫生事业贡献中国智慧、中国方案，助力中医药传承创新发展的可行之路。

“惟楚有材，于斯为盛。”湖南中医药文化底蕴深厚、地域特色浓郁、学术成就卓越。湖南中医药大学建校之初，初创者们就提出，中医药学传授须得“教学实践两相长”，方能孕育名医大家。昔日的张牧庵、吴汉仙、黄菊翘、郭厚坤等医药界名流；学识渊博，集医、哲、史于一身的“中医泰斗”任应秋；声名远播的“湖南中医五老”李聪甫、谭日强、刘炳凡、欧阳锜、夏度衡，都是这一理念的身体力行者。“五老”虽已不在，但授业济世的“膏方”一直在湖南中医药大学的炉火上熬制。

岳阳，古称“巴陵”“岳州”，因原郡治位于天岳幕阜山之南而得名，是一座有着2500多年悠久历史的国家级历史文化名城。吴汉仙是延续中医药“火种”的捍卫者，湖湘中医药学术思想的集大成者，也是中西医结合思想的开拓者，将“中西医一家”的理念贯穿于办医办学。本书对他的学术思想进行研究，是服务“健康中国”、湖湘中医药发展和岳阳市中医药事业发展的重要举措。岳阳市中医医院是推动岳阳市中医药事业发展的重要力量，挖掘和用好岳阳本土的历史文化资源，在传承先贤名家学术思想过程中促进古老的中医药不断迸发出新的生机和活力，在推动中西医协同高质量发展中实现中医药振兴，是岳阳中医药人必须承担的历史使命。是为序。

湖南中医药大学党委书记　戴爱国

余序

欣闻《湖湘一代名医：吴汉仙学术思想研究》一书即将出版，我心中甚是感慨。2020年10月，我从临湘市委副书记调任为岳阳市卫生健康委员会党组书记、主任。在之后近四年的时间，作为地级市的卫生健康工作具体负责人，统筹大卫生、大健康管理。“事非经过不知难”，回首这近四年的时间，本人经历了惊心动魄、艰苦卓绝的历史大考——由“新型冠状病毒肺炎”更名为“新型冠状病毒感染”的“抗疫大战”。

面对这一大考，中医药交出了一份出色的“抗疫答卷”。《抗击新冠肺炎疫情的中国行动》白皮书指出：“中医药参与救治确诊病例的占比达到92%。”疫情发生以来，在岳阳市各级医疗救治实践中，始终坚持中西医结合、中西药并用，充分发挥中医药特色优势，从实践中筛选出针对岳阳市洞庭湖区气候特点的新冠预防1号方和治疗2号汤剂等临床有效方药，提高了治愈率，降低了重症率和病死率，促进了患者早日康复。

中华文明宝库蕴含着深厚的哲学思想。本人是学哲学的，私认为，中国古代哲学本质上是一种生命哲学，其核心是思考人生，研究人道乃至长生久视之道是各种思潮和学派的共同特点。中医药文化与中国古代哲学紧密围绕“人－社会”进行全方位沟通，二者水乳交融，相互促进。中医药文化是在中国传统文化的沃土上生长起来的一棵大树，汲取了包罗万象、博大精深的中国传统文化之精华，形成了中国人对疾病诊治的思维方式和独特的中医药理论体系，体现了中华民族保健养生及与疾病做斗争的生存智慧。中医药学以包容的胸怀，通过中西汇通、中西医结合汲取西医学先进理念，非但未被淹没，反而使其理论与实践得到不断丰富发展。中医药治疗慢性病的优势，治疗“非典”（严重急性呼吸综合征）、甲型流感、新型冠状病毒感染等突发性疾病的效果，举世瞩目，并得到世界认同。

“洞庭天下水，岳阳天下楼。”自古以来，岳阳便是人文荟萃之地，拥有深厚的文化底蕴。这片土地见证了历史的沧海桑田，承载着中华民族优秀的文明基因。吴汉仙作为民国时期中医界的杰出代表，在中医药的发展史上写下了光辉的一页。岳阳是吴汉仙老先生的祖籍地，2022 年 7 月 21 日，在全市中医药大会上，市政府开出固本培元壮体系、疏经通络育人才、强筋壮骨兴产业、益气活血谋创新、激浊扬清强文化“五张处方”，勉励打造一批名院、名科、名医、名药。适逢国家中医药管理局初批岳阳市为“国家中医药传承创新发展试验区”时机，研究和整理吴汉仙学术思想十分必要。当前，我市正以完善机制改革为引领，实施中医药服务提级、人才提优、产业提振、科研提档“四大工程”，探索实践中医慢病防治、中医康养、中西医协同发展，市、县、乡、村一体化中医药服务“四新模式”，加快建设国家中医药传承创新发展试验区。今《湖湘一代名医：吴汉仙学术思想研究》出版，必将为岳阳市中医药事业、岳阳市中医医院发展集聚新动能、注入新活力，我甚感欣慰。是为序。

岳阳市卫生健康委员会党组书记、主任　余岳雄

前言

具有几千年文明史的中华民族，在进入19世纪以后，几乎被帝国主义的坚船利炮、西方的文化思想和先进科学技术所毁灭。作为华夏文明的优秀部分之一，中医学经历了一次生死存亡的大考验。在现代医学直观的、针对性很强的治疗方法和因果分析的逻辑思维体系冲击下，人们对中医学理论进行了重新评判。一部分人用现代医学的直观性、针对性和因果分析法来评判中医学，不仅置中医学的整体分析、综合辨证、重视生命体本身协调的优势于不顾，还将中医学的体系视为不科学的，企图通过政府行为来取缔中医。这直接关系到中医学的生死存亡，影响中华优秀文化的传承。面对这一严峻形势，国内中医界人士奋起抗争。在湖湘大地上，出现了一位抗击西方文化侵略、抗击反动政府错误行为的中医界楷模——吴汉仙。

吴汉仙不仅是一位医术精湛、医德高尚的中医学家，还在与政府废止中医、停办中医教育、废医存药、全盘西化等一系列斗争中，为中医学的存亡作殊死之争，为开创湖湘中医教育竭尽全力，为发展中医事业鞠躬尽瘁，终其一生精研岐黄、服务大众。湖南省中医师公会谓其“著书立说，卫道救医，在湖南三十年来之国医运动中，凡建立医院，创设医校，组织公会，成立医馆，创办医报，晋京请愿，诸大端莫不躬亲，悉力以赴”。

湖湘大地为拥有这样一位蜚声海内外，对中医学的自下而上发展与教育做出过重大贡献，又具精湛医术与严谨学术思想的医家而自豪。遂本书编者拟对其学术思想做系统深入地研究。适逢本书出版之际，热烈祝贺岳阳市获批“国家中医药传承创新发展试验区”。

方奎明　李江辉　黎　珊

目　录

吴汉仙传记

吴汉仙医案精选

吴汉仙回忆录

吴汉仙论文及著作选登

附　录

吴汉仙传记

吴汉仙先生生平简述及有关生平考

一、吴汉仙先生生平简述

吴汉仙，字捷三，号柈湖医叟，湖南省岳阳县鹿角镇（今荣家湾镇）人，祖籍江西南昌府铁树观筲箕坡（今江西省南昌市）。

1876年：12月1日（清光绪二年，丙子农历十月十六日），出生于湖南省岳阳县鹿角镇一中医世家。

1878年：父亲去世，家境日渐贫寒，其母子二人藉薄田半亩及纺织生活。

1893年：补博士弟子员。

1898年：入泮，得为母请旌，督学户部侍郎吴树梅旌示数百言，并亲书"画荻风清"四字以表其闾。

1904年：科举废，学校兴。之后遵母命改志从医。后一直在当地行医。

1923年（民国十二年）：设平民施诊所于鹿角。

1924年（民国十三年）：创杏林救助会于新墙。

1925年（民国十四年）：立救贫医院于岳阳。

1927年（民国十六年）：为国民革命军第八军将领吴棣庭先生治愈其20余年无人能治之虚劳，保任县长职，以高堂亲老为由婉拒。

1928年（民国十七年）：悬壶于长沙，任长沙国医审查委员会委员，起草"痛哭生致同道中人书"。

1929年（民国十八年）：2月，国民政府第一届中央卫生委员会通过余云岫等提出的《废止旧医以扫除医事卫生之障碍案》。

3月17日，作为湖南中医界代表之一，参加上海中医协会召集的 17 省、132 个团体、272 名代表参与的全国医药团体代表大会及成立的全国医药团体总联合会。

同年，刘笃髯创办长沙市国医公会月刊及医药月刊社，先生任《长沙市国医公会月刊》编辑。住白马巷仁义商号，挂内科样湖医叟牌名。1933 年撰《驳中央卫生部废止国医决议案通启》，并发表于《现代医药月刊》，1929 年于《医药指导录》发表《力驳中央卫生委员会议废止旧医畸形式之决议案宣言》《呈湖南省政府创办国医讲习所并图书馆文》《发扬我国气化之学理为治虚损之方针》等文。

1930 年（民国十九年）：为反对教卫部（教育部、卫生部）禁止设立中医学校，将原有之学校改称学社，撰《欲救我国医药之危亡急宜采用科学方法而谋根本上革新之建设》一文。

1931 年（民国二十年）：1 月 15 日，中央国医馆成立。

同年，湖南国医药建设委员会成立，先生任委员之一，撰《欲讲世界医学当知气化为细胞之母六淫为细菌之原》一文。

同年，为矫余云岫所著《余氏医述》及《皇汉医学批评》等书之弊，出版《医界之警铎》（仅上篇《西医正误录》）。

1932 年（民国二十一年）：湖南国医分馆成立，先生任医务股股长。

同年，先生为反对教卫两部复提《国医学校改称学社》旧案，撰《教卫部焚坑医药痛史录》，为筹备建立湖南国医院撰《筹设湖南国医院募捐启》，为驳斥余云岫撰《驳余氏〈皇汉医学批评〉之纲要》。

1933 年（民国二十二年）：由药王街三尊炮迁移至皇仓坪二十六号。之后湖南国医院在沙河街成立。

同年，为反对湖南西医界建立的卫生十年计划，先生与湖南医药界同仁赴湖南省民政厅请愿。

同年，先生与易南坡开始筹备创立湖南国医专校。

同年，撰有《医药月刊社一周年纪念感言》《请看医界上中日之战》等文。

为反对汪精卫阻挠《国医条例》公布，撰《由汪院长议废中医回忆孙总理误以肝癌致命之惨状》等文。

1934年（民国二十三年）：1月，国民党四届四中全会在南京举行，作为湖南中医界代表之一，与全国中医界代表一起进京请愿要求公布《国医条例》。

同年春季，湖南国医专科学校成立，先生任副校长。

同年，先生创办《长沙卫生报》。

1935年（民国二十四年）：为反对中央国医馆屈从行政院训令，撰《湖南医药界一致否认中馆改校称社通电》，同年还发表《长沙卫生报社一周年改组感言》《气化生菌气化杀菌之原理》《呈中央国医馆厘定病名及系统确定整理方针以立改进基础文》《与日本医学博士汤本求真讨论汉方医学书》等文。

汪精卫阻挠《国医条例》公布的阴谋被报纸披露后，先生撰《呈请中央执委会讨论汪院长（精卫）阻碍〈国医条例〉文》。

1936年（民国二十五年）：1月22日，《中医条例》公布（《国医条例》颁布时改名《中医条例》）。

12月4日，立法院第82次会议，再次讨论修正卫生署组织法案，先生作为湖湘中医界代表参加全国中医界组织的18个省市120余人向该会请愿的活动。

同年，撰有《致山西中医改进会时逸人先生书》《致苏州医会宋爱人先生书》《湖南过去二十年之国医运动》。

1937年（民国二十六年）：2月15日，国民党五届三中全会召开。先生代表湖南医药界召集全国为争取中医行政、教育上的权利赴南京请愿。

4月1日，国民政府卫生部正式成立中医委员会。

同年，先生被《吉祥医药》聘为高等顾问，还担任湖南中西一家医院院长、湖南国医专科学校校长、卫生报社社长等职。

同年，先生好友，即时任“吉祥医药社”社长一职的曾觉叟先生去世。先生为其作挽：“交遇感情隆，评警铎，跋慈轩，耗传遽失知心，闻笛顿伤稽叔夜。老怀忧国变，灭医经，废孔祀，痛哭请诛祸首，上书谁继贾长沙。”

1942年（民国三十一年）：先生之母去世，享年88岁，葬于洞庭湖畔洪家嘴乾山巽向，先生在其母埋葬之地为其母建“节孝阡”，立轩阡八景。

1947年（民国三十六年）：中央国医馆派先生担任湖南国医馆馆长。

同年3月17日（国医节），为反对当时卫生行政机关无中医参与、分配救济物资厚西薄中，长沙市国医药界以先生等为代表，先后到国民党湖南省党部、省参议会、省善后救济总署、省政府等处请愿。

1948年（民国三十七年）：7月7日，先生积劳成疾，不幸病故，享年72岁。

纵观先生一生，52岁以前，专业岐黄以治病救人为主；52岁以后的20余年，则以抨击废止中医派，捍卫中医权利，发展中医事业为己任，为中医药事业的生存发展耗尽心力。

二、有关吴汉仙先生生平考

吴汉仙先生去世距今半个多世纪，本人在资料搜集整理过程之中，发现一些有关先生生平记述的错误之处。为避免以讹传讹而造成后人更多的疑惑，经考证后，分列如下。

1947年（民国三十六年）出版的由易南坡主编的《医药法规》一书中第169页有“吴汉仙先生代表湖南医药界召集全国赴京请愿三中全会之经过，民国二十二年谭日强记录”的记载，此处很容易让人误认为该事件发生在1933年（民国二十二年），但根据《名老中医之路》中谭日强先生的回忆，此事件应发生在 1937 年（民国二十六年），其间相差 4 年。再经查阅《中国现代史》一书，书中表明在 1937 年（民国二十六年）2 月 15 日国民党召开五届三中全会。再详细阅读《医药法规》一书，在第 173 页发现在“湖南医药界发起《召集全国医药界请愿三中全会》原文”中有“民国二十四年十一月五全大会冯委员玉祥等”的记载，可证实“请愿三中全会”一事肯定在 1935 年（民国二十四年）11 月以后。所以该请愿事件应发生在 1937 年（民国二十六年），而非 1933 年（民国二十二年）。《湖南医药卫生志》第 222 页中关于此次请愿的记载是正确的。

该书出版距此事件发生仅 10 年时间，而且此事件在湖南中医药界影响十分重大，作为编者的易南坡先生竟然会把时间弄错，实在令人费解。

另在《长沙市志》中记载：“1951 年 11 月 1 日，黄汉丞、吴汉仙等 8 人带头组成大众中医联合诊所，迈开中医联合的第一步。”而先生去世时湖南省中医师公会发布的代电原件上的时间为民国三十七年，也就是公元 1948 年，与《长沙市志》的记载明显不符，属于重大的记载失误。经考证，一是湖南省中医师公会在先生去世后发布的代电原件，其时间清晰可见，为“中华民国三十七年”，系公元 1948 年。肯定是在 1949 年中华人民共和国成立以前，而 1948 年 7 月 7 日先生即已去世，绝不可能在中华人民共和国成立后的 1951 年“带头组成大众中医联合诊所”。二是《长沙市志》多次在该记载页前后提到吴汉仙，究其原因，一方面是作者可能并不确知吴汉仙究系何年去世，另一方面则可能是把吴汉仙之子吴幼仙与吴汉仙之名混淆了。先生之幼子吴幼仙毕业于苏州国医学校，之后一直随先生行医，亦颇负盛名。或因其父之业绩，或因其本人之声誉，得同道推崇，与人共同带头组织诊所。疑后人不熟悉此段历史及“幼仙”之名，误将幼仙错为“汉仙”，故数次提及而显非笔误了。

吴汉仙先生的贡献

中医药学是中国人民长期和疾病做斗争的极为丰富的经验总结，是中国优秀文化的一个重要组成部分。中医药学在数千年的发展过程中，受古代哲学思想的影响和指导，经过长期的医疗实践积累，与其他学科互相渗透，才逐渐形成并发展出自己独特的医学理论体系，为中国人民的保健事业和中华民族的繁衍昌盛做出了巨大的贡献。然而在中国近代，这一古老又成熟的医学体系却因政府歧视压迫和社会上废止中医思潮的冲击，而面临着被消灭的危险。由此，在近代中国医学史上展开了一场轰轰烈烈的关于中医命运的斗争。吴汉仙先生在这场斗争中，不顾年事已高，积极参与各种反对废止中医药的活动，身先士卒，著书立说，创刊办报，兴办中医教育，创建中医医院，为中医药的生存发展做出了巨大的贡献，也在近代中医药发展史上留下了浓墨重彩的一笔。

一、捍卫中医权利

（一）反对“废止旧医案”，捍卫中医生存权

“废止旧医案”是在 1929 年（民国十八年）2 月 6 日国民政府第一届中央卫生委员会上，由废止中医派领袖人物余云岫提出的。旨在一举将中医置于死地的《废止旧医以扫除医事卫生之障碍案》（下称“废止旧医案”）的主要内容：①旧医登记给证限至民国十九年底为止；②禁止旧医学校；③取缔旧医杂志等非科学宣传品及登报介绍旧医等。近代废止中医派试图通过国家政府取缔中医，

以达到消灭中医的目的。此举之狠毒已超过以往北洋政府将中医排斥在教育系统之外等歧视压迫中医的政策。如果得以实施，中医势必在短期内消亡。

所幸，全国中医界在面临这一严峻形势时，立即出现了一种空前大团结的局面，一致反对该提案的实施。该提案一经报纸披露后，上海中医药界立即号召全国国医界，并成立了全国医药团体联合会，在上海总商会召开全国医药团体总联合会。参会的有苏、浙、皖、赣、鄂、湘、晋、豫、粤、桂、黔、川、闽、辽、台等17省代表共272人，人数之多在当时是罕见的，给当时的国民政府施加了很大的压力，此联合会在反对“废止旧医案”的运动中发挥了巨大作用。最后国民政府不得不表态暂不实施该提案。

吴汉仙在这次斗争中不仅积极参与，还以其卓越的政治领导才能而成为湖湘中医界的领袖人物之一，为捍卫中医的生存权做出了贡献。他于1928年悬壶长沙，在担任长沙市国医审查委员会委员期间，就已经认识中医药所面临的艰难困境，曾撰写《痛哭生致同道中人书》，对中医所受的不平等待遇表示不满，号召中医界团结起来进行抗争。不过可能因为当时政府还没有明令废止中医，加之社会环境的动荡不安，该文在中医界的影响并不大。到1929年，仅一年的时间，吴汉仙不但作为湖湘中医界的代表参加了全国医药团体总联合会，还以湖湘中医界的名义起草《驳卫生部余岩废止国医决议案通电》通电全国，俨然已经成为湖湘中医界反对废止中医运动中的领袖。可见他在这一年的时间里，已经以鲜明的维护中医的坚定立场和为中医事业尽心尽力的态度，赢得了湖湘中医界的信赖和尊重。

在这次反对“废止旧医案”的斗争中，影响最大的无疑是上海中医界组织的全国医药团体联合会。史料中未见湖湘中医界在该会中有何贡献的记载，亦无吴汉仙先生在该会中的言行记录，因此，我们在这里不敢妄称吴汉仙先生在该会中有多大的影响。但该会是一个全国中医界参加的大会，是在团结了全国中医界的力量后才取得的最后成果，其中自然包含了湖湘中医界吴汉仙等为此所作出的贡献。

就吴汉仙个人而言，在这次斗争中影响较大的应该是其代表湖湘中医界起草的《驳卫生部余岩废止国医决议案通电》。该通电不但驳斥了废止中医派的“一偏之见”，列举了种种西医的治疗之误，认为中西医各有长短，理应熔于一炉。而且从当时我国国情出发，指出中医废则中药亦亡，轻则有损国民经济的发展，重则祸国殃民。先生此话并非危言耸听。资料显示，直至中华人民共和国成立，国内西医总共才培养出医师两万余人，这个数字远远不能满足当时五亿多人口的健康需求。另外，西药制品几乎完全依赖进口，出现先生假设的“一旦国际有变，彼将挟其炮舰政策，封禁海口，以制我之死命”的情况是大有可能的。在该通电中，先生的一片忧国忧民之心已跃然纸上，对国情、民情分析鞭辟入里，颇有说服力。应该说，将废止中医提高到祸国殃民的政治高度是这篇通电中最有力的观点，在当时列强入侵、国家受辱的年代，国内民众最希望见到的是中华民族的繁荣强盛，因此，吴汉仙先生在通电中一针见血地指出废止中医等于祸国殃民，无疑能激起广大民众的爱国之心，不但让一部分受废止中医言论蛊惑的民众猛然清醒，意识到废止中医的严重后果，也让政府不得不考虑到当时我国的实际情况。当时的中西医论争基本上是围绕着中医是否科学这个中心进行的，很少有人能想到废止中医是关乎国计民生的大事。

事实上，在近代高呼“科学救国”的历史环境下，中医药是中国古代自然科学与现代科学虽冲突但仍留存下来的古代科学。其关键原因是中医药在当时还有广阔的需求，这一点是西医不可替代的，也是当时各届政府欲废止中医而最顾忌的。中医该不该废，当时政府的考虑重点并不是科学不科学的问题，而是有没有存在价值的问题。当时的国民政府在废止中医问题上的反复无常也能说明这一点，而吴汉仙先生指出的废止中医等于祸国殃民则正好切中了废止中医的要害之处，对中医的留存无疑有着不小的贡献。在 1933 年（民国二十二年）批驳汪精卫阻碍《国医条例》的实施时，又将此文重刊，在社会上再次引起强烈反响。可见先生的这篇将废止中医与祸国殃民等同起来的通电对废止中医派的杀伤力之强。

（二）捍卫中医在法律、行政、教育上的权利

“废止旧医案”的出台，已经让全国中医界清醒地认识到中医所面临的严重危机。如何挽救并发展中医，也成为中医界迫切需要解决的问题。因此在反对“废止旧医案”的运动取得胜利之后，中医界开始为中医争取在法律、行政、教育方面与西医同等的权利，与废止中医派进行斗争。吴汉仙先生代表的湖湘中医界在这些斗争中的表现不凡、可圈可点。

1.促进《中医条例》的颁布实施

1936年1月22日，国民政府颁布《中医条例》，确立了中医在法律、行政、教育上与西医平等的合法地位，是全国中医界共同努力下的又一胜利果实。

早在 1933 年 6 月，以石瑛为首的 29 名国民党中央委员在国民党中央政治会议上就提交了《提议制定国医条例拟责中央国医馆管理国医以资整理而利民生案》。该提案包括制定国医条例原则十条，其主要精神为：①国医由国医馆管理，即授国医馆行政权；②国医与西医平等。下附国医条例草案中，除上述精神外，又承认了中医教育的合法权利。该提案中的《国医条例》在后来颁布时改名为《中医条例》，从内容上看，该提案给予了中医在法律、行政、教育上的合法权利，对中医的生存发展无疑是有利的，因此遭到一贯反对

中医的时任行政院院长汪精卫的反对，甚至在立法院通过该提案后，汪氏仍以辞职相要挟来阻拦该条例的颁布，汪氏的恶劣行径被报纸披露后遭到了全国中医界的舆论讨伐。

吴汉仙先生认为汪氏手段较余氏更辣，特办《湖南医药界救护国学专号》，将《驳卫生部余岩废止国医决议案通电》一文改名为《驳中央卫生部废止国医决议案通启》予以重刊，以质余氏之法质之汪氏，对汪氏提出的废止国医的理由予以反驳。

1935年11月，借国民党召开第五次全国代表大会之机，吴汉仙先生又代表湖南中医界撰《呈请中央执委会讨论汪院长（精卫）阻碍〈国医条例〉文》敦促政府颁布《国医条例》。吴汉仙做的种种努力，无疑对国民政府于1936年1月22日公布的《中医条例》有一定的促进作用。

2. 请愿五全大会，争取中医平等权利

五全大会是指国民党五届三中全会，全国中医界在该会请愿的原因是在此之前，也就是1935年（民国二十四年）11月，国民党第四届中央执行委员会第五次全体大会通过了冯玉祥等51人提议的《政府对于中西医应平等待遇案》，作出决议三项。

（1）前经立法院通过的《国医条例》迅予公布施行。

（2）卫生医药等机关应添设中医。

（3）应准许设立中医学校。

该决议从法律、行政、教育三个方面，赋予了中医与西医平等的权利。但由于废止中医派的阻挠，三项决议中仅第一项提及的《国医条例》予以公布施行，后两项却一直未获执行，中医在行政和教育上与西医相比仍处于不平等的地位。

湖湘中医界在吴汉仙先生的领导下，发起了这次全国性的请愿斗争并取得了较为圆满的成果。国民党第五届中央执行委员会第三

次全体大会主席团对请愿书中提出的将中医学校归属于教育系统，政府医药卫生机构应设中医，政府对于中西医应实行平等待遇等几项要求，均一一通过。

同年 4 月 1 日，国民政府卫生部正式成立中医委员会，该会于 4 月 10 日召开第一次会议，做出设立中医学校、开办中医医院、完备中医适用的器械、培养中医人才、中医参与地方卫生行政、统一成药种类、改良药材制造等具体计划，促进了中医药的发展。这在中医近代史上是一次不可忽视的重大事件，也是全国中医界在近代唯一的一次由湖湘中医界发起和领导的争取中医权利并取得胜利的斗争。

吴汉仙先生在这次请愿斗争中，不顾年事已高，上下奔走，联络全国中医界，争取冯玉祥等国民党中央委员对中医的支持，为该次请愿圆满成功立下了汗马功劳。

3. 反对改校称社，捍卫中医教育权

学校和学社虽仅一字之差，其意义却相去甚远。学校属于教育系统，学社则属民间团体组织。将学校改称学社，等于是将中医排除在教育系统之外，剥夺了中医教育的权利。在 1932 年（民国二十一年），中央国医馆馆长焦易堂下令将浙江兰溪中医专门学校改为学社；1935 年（民国二十四年），中央国医馆以 3324 号训令指令湖南国医专科学校改称学社，在全国中医界引起轩然大波，遭到强烈反对。湖湘中医界在吴汉仙先生的领导下，积极参与了这两次与中央国医馆的斗争。尤其是在对中央国医馆训令湖南国医专科学校改称学社的斗争中，当时身为该校副校长的吴汉仙先生致函中央国医馆馆长焦易堂、理事彭养光，指责其屈从行政院的行径，重申拒不改名的决心，反对改校称社的态度十分坚定。再后来由先生起草的《湖南医药界一致否认中馆改校称社通电》中，又一再批评以

焦为首的中央国医馆“不特不与反抗，转为教卫代庖，实施其消灭国医之工作，则国医之亡，不亡于教卫两部，实亡于中馆诸公也”。在全国中医界及吴汉仙先生如此强烈的反对下，中央国医馆收回了要求改校称社的命令，也再未要求其他中医学校改称学社。这两次斗争以吴汉仙先生及全国中医界的胜利而告终，捍卫了中医在教育系统的权利。

4. 反对《湖南省卫生医药十年计划》

1934 年（民国二十三年）12 月，湖南省卫生实验处制定《湖南省卫生医药十年计划》，规定“首先撤除省城各校中医，学生不得服国药，一律改用西医西药，由省城渐及各县、各乡、各村；旧医学徒勒令停学，旧医学校勒令停办，旧医年在 40 岁以下者勒令改业，50 岁以上者只准行医 14 年，60 岁以上者只准行医 4 年；中药店在 10 年内改营其他商业，中药一律烧毁”。

计划传出后，湖湘中医界在吴汉仙先生等人的领导下，举行了请愿、罢工、游行示威等抗议斗争。此次斗争，政府虽无明确答复，但《湖南省卫生医药十年计划》中消灭中医药的条款已全部删除，原有的湖南国医专科学校等中医学校并没有停办。张仙舫等还创办了常德国医专科学校，为培养中医人才，发扬祖国医学做出了贡献。

二、创办中医医院、学校、报刊，发展中医事业

（一）创建中医医院，发展中医事业

医院作为中医的一种行医场所自古就有，如宋朝的太医院等，中医在历史上的行医多以坐堂、走方等为主。这几种行医方式与在医院行医相比有利有弊，其利在于能满足广大偏僻农村地区人口的健康需求，也发挥了中医独有的医疗方法的特长；其弊在于导致技

术力量的分散，缺少医院集中诊疗的条件，但总的来说与当时的历史条件还是相适应的。

近代西医传入以后，发展迅速，西医院的日趋增多即其表现之一。至二十世纪二三十年代，中医在城市人口的医疗服务中已经不再是主角，在当时西医大肆攻击中医不科学的社会环境中，中医也需要大力发展医院这种集医疗、科研于一体的机构。正如吴汉仙先生在《筹设湖南国医院募捐启》中提出创建中医院的目的是发展研究中医。事实证明，中医院在中医的现代化研究中确实占据了举足轻重的地位。吴汉仙先生不但为创建湖南国医院尽心尽力，还与其子吴幼仙一同创建了中西一家医院，为发展中医事业做出了贡献。

（二）创办中医报刊，扩大中医药宣传

报纸、杂志作为传播媒介，对大众乃至当政者的影响力都不容小觑，也是近代中西医争辩的主要舆论工具。据统计，1935 年中西医期刊总数 315 种，其中西医期刊 178 种，中医期刊 137 种，分布于 16 个省市。中医能在近代中医存废斗争中逐渐从被政府废止到取得与西医在政治、行政、教育上的平等权利，中医报纸与期刊无疑起到了巨大的舆论宣传作用。

吴汉仙先生亦深知其理。从 1928 年悬壶于长沙至 1948 年去世，先后担任了多家中医报纸杂志的编辑、顾问等职务。

1929 年，任《长沙市国医公会月刊》编辑。

1934 年，创办了长沙卫生报社，并担任该社社长，可惜该报因种种原因不久即停办（具体停办时间待考），在全国影响并不大。

1937 年，任《吉祥医药》高等顾问，台湾东西医报社顾问等。

吴汉仙先生在担任以上职位期间，撰写了大量反对废止中医、宣传中医的文章，扩大了中医药的影响。

三、创办中医学校，培养中医人才

近代中医的学校教育，始于 1885 年在浙江省瑞安县（现浙江省瑞安市）由乐清县（现乐清市）人陈虬主办的利济医学堂。据考证，这是我国近代最早的中医学校。在科举被废、学校兴起之后，全国各地又创办了许多由当地民间团体、医药行业或名医私人出资的中医学校，尤以浙江、广东两省最多。其中较著名的有浙江中医专门学校、兰溪中医专门学校、广东中医药专门学校等。

而湖湘中医学校教育，最早始于 1922 年由湖湘名医郑守谦之父郑修诚创办的明道医校。校址位于长沙市宝南街一条巷四号，招收学生前后毕业两个班，因局势混乱停办。其他有史可查的还有湖南国医专科学校、常德国医专科学校等。在湖南国医专科学校成立以前，湖湘的中医学校教育是相当落后的。在最初的明道医校停办以后，亦无一所可称为中医学校，以至于《长沙市志》一书一直将湖南国医专科学校当作湖湘第一所中医学校。吴汉仙先生与易南坡等人发起募捐、筹办建立的湖南国医专科学校，培养了大量中医人才，无疑振兴和发展了湖湘的中医教育事业。

1934 年湖南国医专科学校正式成立以后，吴汉仙又先后担任该校的副校长、校长。不但负责该校的日常工作，还参与制订该校的培养教育方针、编写教材等工作。为中医后备人才的培养呕心沥血，培养出了一大批后来声名远播的中医学家，如谭日强、易建纯等，为中医事业的发展做出了贡献。

当年的湖南国医专科学校，到今天已发展成为高等学府——湖南中医药大学，为国家培养了大量的中医药专门人才，为中医药的振兴和发展发挥了巨大的作用。因此，先生当年为兴办湖湘中医学校教育所做的一切，都应被载入史册，供后人瞻仰。

综上所述，吴汉仙先生为反对废止中医，创办中医学校、医院、报刊，积极奔走呼吁，确实为中医药的生存发展做出了不可磨灭的贡献。

四、捍卫中医学术理论体系

中医学与西医学本属于两个完全不同的学术体系。西医学是在现代科学研究方法指导下，建立在科学实验基础之上的；中医学则是在古代哲学思想指导下，建立在几千年的临床实践基础之上的。两种医学在指导思想和基础上的截然不同在于他们脱胎的母体不同，即东西方文化的不同。而吴汉仙在当时就能认识到“中西医学之争，实源于文化之不同”，这是非常难能可贵的。也正是基于对中西医的正确认识，在近代中医存废之争中，吴汉仙先生才能坚持捍卫中医的科学性与实用性，捍卫中医教育的特征性。在中西医融汇中坚持以中医为主，为捍卫中医学术理论体系做出了贡献。

（一）捍卫中医学的科学性与实用性

吴汉仙在中医存废之争中，始终坚持认为中医是科学，其科学性已经经过几千年的临床反复检验，其实用性更被无数验案所证明。

范畴中存在一些有助于人们研究和理解中医学的学科及理念，这些是在第二次世界大战及之后兴起和传入中国的。因此，为历史条件所限，在当时不可能对中医学进行现代科学的研究。以当时的科学标准也就不可能认识到中医学的科学性，但显然不能以此来否认中医的科学性。

随着现代科学的飞速发展，在各种先进科学技术方法和仪器的使用及广大研究工作者的努力下，对中医科学性的研究取得了很大进展。如英国地球化学家汉密尔顿发现人体血液及其他器官（如肝、肾、脑、睾丸等）与地壳岩石中的各种元素丰度具有惊人的相关性，就很好地证明了古代哲学思想中“天人合一”理论的正确性。虽然目前仍不能完全揭示中医学理论的奥秘，但其科学性已经得到世人的肯定。从 20 世纪末到如今在全球逐渐兴起的“中医药热”就是一个有力的证明。

恩格斯曾经说过：“我们只能在我们时代的条件下进行认识，而这些条件达到什么程度，我们便认识到什么程度。”限于历史条件，吴汉仙对中医科学性的认识不可能达到现今的高度，但他从中医在临床上实用性的角度证明了中医的科学性，反驳了社会上否认中医科学性及认为中医疗效是“徒取安慰作用或幸中巧合”的观点。如他在著作中列举了许多当时的名人，如戴季陶患筋骨痛、胡适之患消渴病等西医久治不愈转由中医治愈的验案，就具有较强的说服力。另外，他还在其著作中对中医的一些复杂观点，如“阴阳气化”进行了论述，对中医临床上的一些疑难疾病也予以了详细的辨证，从另一方面说明了中医学理论的科学性。

应该说，中医药为世人所相信，首先依靠它在临床上的实用性。中医药的科学性与实用性是紧密相连的，因其科学性在临床上发挥“效如桴鼓”般的实用性，也因其经过了几千年临床实践的反复验证才使其更加科学。正如吴汉仙所说：“吾国医学，祖黄帝而仲景，贤哲代出，著述大备，历史久远，理境宏博，治效确著，古今中外，处处播为美谈，非一朝一夕之故也。”

（二）捍卫中医教育的特征性

传统的中医药在几千年的发展过程中，一直以家传、师传、自学成才这 3 种主要方式培养后继人才。近代，随着西方科学大规模地传入中国，建立了一种新的教育体系，在这一新的历史条件下，中医教育不得不进行改革，与现代教育模式相吻合，才能被新的教育体系所承认。近代中医教育的改革，因无先例可循，免不了要借鉴西医教育的模式，使一部分中医学校逐渐放弃了中医教育的原则。

如山西中医改进研究会于1919年创办的国医专门学校，在1933年即成为纯西医专科学校。

吴汉仙先生在担任湖南国医专科学校副校长、校长期间，在中医教育的改革中，很好地使中医教育与现代教育模式相结合，使中医教育具备了近代科学教育的特点。如教育社会化，学校组织严密、分工精细，教学内容系统、有条理和循序渐进等。尤其是统一学制、统一教材、统一教学方法，已经完全是一种现代教育模式。

同时，吴汉仙先生还坚持在教育中完整反映中医体系，捍卫了中医教育的特征性。如在湖南国医专科学校校史研究中发现该校的课程设置中西兼备，中西医从基础到临床课程都有，甚至在抗战时期还开设了“战时救护学”，讲究学以致用，广泛吸收西医的外科手术之长。

吴汉仙非常注重对中医学理论的学习，不但师资力量以中医为主，还鼓励学生在学习中医课程时大量阅读其他相关的中医典籍。据从该校毕业的谭日强先生回忆，当时他在学习《黄帝内经》的同时，就参看了《医经原旨》《类经》；学习《伤寒论》的同时，又参看了《伤寒来苏集》《伤寒贯珠集》等。这种学习方式既拓展了学生的眼界，又能加深对原著的理解，对现在的中医教育有一定的启发作用。

另外，在统一中医教材过程中，当时中央国医馆以施今墨为首的学术整理委员会提出以西医为标准，中医中凡是与西医不符合的地方，均不予采用。对此观点，吴汉仙先生提出了强烈的批评，认为中医学校自当以中医为主，兼采西医之长，中西不同之处可以分列出来，绝不能削足适履，主张中医教材应完整反映中医学术体系，捍卫了中医教育以中医为主的独特性。

（三）中西融汇，坚持中医为主

近代西方医学在中国的广泛传播，对中医造成了极大的冲击。在这样的历史条件下，中医界不得不探讨发展中医学的新途径，使中西医汇通成为一股历史潮流。如唐宗海、朱沛文、张锡钝、恽铁樵等，都在中西医该如何汇通上进行了探索，为中西医汇通做出了贡献。

吴汉仙从维护中医学的观点出发，对中西医进行了汇通，认为中西医学在原理上是一致的，可以相通，他说："百川争流，派别支分，而竞委穷源，终归一本。"又说："然天下事，万变纷乘，理原一致……则欲统全球各国学说归纳于一途，吾知必有一定之真理。"

在中西医汇通基础之上，吴汉仙希望能"建成一世界之伟大医学"。应该说，吴汉仙的认识是积极的，符合历史潮流的。在具体的中西医汇通中，他坚持以中医为主，主张用科学方法来研究中医。他认为"宜择有中西医学知识者，采用科学方法……用最新方法，炼成最精之药品，开新医药改良的途径，以受病者欢迎。"

他的这种在中西融汇中坚持以中医为主的观点，还体现在中西医病名统一过程中反对以西医病名为标准上，认为"提倡国医，自应从中国病名为主体，而附从西说，即会降格相求，中说之所无者主以西说，西说之所无者主以中说，犹不失折中办法。"坚持以中医病名为主。

显然，吴汉仙在中西医融汇中坚持中医为主的观点，避免了在中西医融汇过程中丧失中医之本，维护了中医学的发展，对中西医的汇通无疑具有一定的指导作用。

总而言之，吴汉仙坚持以中医为主，并对中西医汇通进行了一些探索，在近代中西医汇通中做出了一定的贡献。

吴汉仙先生的学术思想

吴汉仙于中西论争、中医争生存发展中声名卓著，为当时政界、医界所推崇，以民族文化斗士闻名于当世。人们对其医学上的成就很少谈及，实际上，他临证四十余年，其学术成就、临证经验均有独到之处，堪为后世楷模。

一、学宗岐黄仲景，博采众家之长

在中医学的发展中，历代医家均以《黄帝内经》（简称《内经》）《伤寒杂病论》为医学基础典籍，是医家必读的著作。吴汉仙基于对这两部经典的研究，认为“轩岐仲景之书将以导天下万世其由之路，而示学者以征信不疑也”。甚至认为，“黄帝阐《灵》《素》以明生理，原其理至精而难测”“仲景执六经以探病理之要，其道至中而不偏”，将这两部经典奉为“神学”和“圣学”，可见他对这两部经典评价之高，亦从侧面反映出他对《内经》和仲景之学的研究之深。

吴汉仙对《内经》的研究，首先体现在对“阴阳气化”的认识（后有专论）。他认为“阴阳气化”是中医学的“精髓”，气化即《内经》的本旨，亦即中医学的主体。其次，《内经》中的许多思想在吴汉仙的著作中都得到了体现。如他提出的“六淫为细菌之原”思想中，就体现了《内经》中的六淫致病理论，在论述中医的疾病预防思想中包括了《内经》中的顺应自然、调节情志饮食、积精全神等养生防病思想。他对人体生理的论述包含了《内经》的气血津液学说，对人体发病原理的论述则体现了《内经》中的“正气存内，邪不可干”“邪之所凑，其气必虚”等内容，对人体病理的论述又借用了《内经》中的邪正盛衰、阴阳失调等观点。

吴汉仙在论述某些中医治疗观点时，通常会直接引用《内经》的原文，并以“《内经》所谓”或“经曰”的形式呈现。如他说：“常令者，即《内经》所谓风寒暑湿燥火，四时之气也。”又如他在阐述伏气之温时说：“《内经》所谓冬伤于寒，春必病温是也。”在论述中医治疗注重整体时说：“经曰：病在上，取之下；病在下，取之上；病在中，傍取之。”以上所述都表明吴汉仙对《内经》确实有较深的研究，其医学思想与《内经》一脉相承，在对人体生理、病因、病机、预防等方面的阐述基本上源于《内经》。

吴汉仙在对疾病的辨证论治和处方遣药上，则主要是吸收历代医家精华，包括日医等。如在其著作中所引用的医家有日本香蓼氏、汤本求真、和田启十郎（和田氏）、奥田氏等，国内古代的有秦越人、张仲景、金元四大家，温病学派的叶天士、薛生白、吴又可、吴鞠通、柳宝诒、杨粟山等，现代的有何廉臣、时逸人、张伯讷、张山雷、熊叔陵、吴黼堂、陆士谔等，其学识之渊博可见一斑。

在具体的疾病治疗上，吴汉仙在吸收历代医家精华上是有所侧重的。首先，在外感疾病中，伤寒宗仲景，他认为“仲景《伤寒论》专为伤寒而设”，对伤寒的病因、病机、辨证治疗基本源于仲景之学。如其论述伤寒症状时说：“或已发热，或未发热，必恶寒，名曰伤寒。”指出恶寒是诊断伤寒的一个重要症状。如不恶寒，则或为感受温热之邪，或为表邪已入里化热。又如其对“感常气而病寒者曰伤寒”理解为，伤寒患者是身体感受了常气（风、寒、暑、湿、燥、火）中的风寒二气，又表现为寒证者。对伤寒的治疗，他认为“仲景麻黄汤、桂枝汤，伤寒发表之主药”“仲景四逆汤、理中汤，伤寒温里之主药”。又说：“独于中风首列桂枝汤，仍风中之寒也。自此以下，寒伤于表者，则立桂枝加葛根汤；寒伤于里者，则立桂枝加附子汤诸治法。又有附子汤、通脉四逆汤等，专治里寒。”可见他对伤寒的治疗，基本上是宗于仲景之说，表寒予以辛温解表，里寒予以温中和里。

其次，吴汉仙对温热病的论述几乎囊括了温病学派中所有名家的学术精华，体现了他对温病学派的研究之深。如他说："论新感者，自叶天士、薛一瓢、吴鞠通、杨粟山、周禹载、张凤逵、章虚谷、雷少逸、何廉臣、吴瑭诸公，相继迭出，阐发无遗。论伏气者，王氏孟英《温热经纬》，亦言其略，惟柳氏宝诒《温热逢源》辨之最详。"简明扼要地概括了温病学派各医家在温病学方面的贡献。对于温热病病因、病机治疗等方面，吴氏又各有所学，如对于新感之温的病因、病机，吴氏赞同叶天士的观点，认为是温邪上受，首先犯肺；但在治疗上宗于吴鞠通，认为邪自表入，治宜辛凉解表，勿使入里，应予银翘散、桑菊饮之类。对于伏气之温的病因，他认为是"冬时感寒，至春夏阳气内动，化热外达，变为温病"。此观点显然源自《内经》中的"冬伤于寒，春必病温"；在治疗上又认为"邪自里发，治宜清泄里热，引邪外出"，而予以柳宝诒的黄芩玄参豆豉汤。

最后，他对时疫的论述也包含许多名家的学术思想。如其认为刘完素在《素问玄机原病式》中提出的清热解毒之法为治疗时疫之卓见，吴又可创立时疫专论，余师愚继承前人之所长并有所创新，戴天章的《广瘟疫论》对病原剖析详明，可见他对历代医家有关时疫的论述颇为熟悉了解。对时疫的病因，他赞同吴又可"时疫得天地之杂气""杂气乃天地间别有一种戾气"之说。

在治疗上，宗杨粟山主张以逐秽解毒为要素，并首推吴又可之达原饮以达膜原。

从吴汉仙对外感疾病的论述中可以看出，他在疾病的认识上不仅能旁征博引，而且能融会贯通。这一点同样体现在其对内伤杂病的论述。

如他论虚损之病因，宗于仲景《金匮要略》之五损，秦越人之五损，认为“多得之酒色伤肾”。

对虚损之病机治疗，亦宗于《难经》，“所谓损其肺者益其气；损其心者调其营卫（中医指血气之作用）；损其脾者调其饮食，适其寒温；损其肝者缓其中；损其肾者益其精”。

又如他在阐述治疗痨瘵方药的发展史中不仅包含《金匮要略》之大黄䗪虫丸、月华丸、救痨杀虫丹、移尸灭怪汤等方，还包括了《外台秘要》《济生方》《慎柔五书》等书中对痨瘵治疗思想演变等内容。其他还有多处亦可体现吴汉仙博采众家之长的特点，这里不再一一赘述。

吴汉仙不但广泛吸收古代医家之长，而且对于当时或国外一些医家的学术精华，也同样予以采纳。

如他在论疟的病机时，就引用陆士谔“五脏之腑，皆能病疟”的观点；在说明六淫致病不属于传染病的观点时，引证何廉臣先生在《全国名医验案类编》中将六淫与传染病分编之事实；对卒中、脑出血的治疗，赞同张伯讷、张山雷、熊叔陵、吴黼堂的观点，而专主凉泄，等等。

国外一些医家对中医的研究也较深，如日本的汤本求真、和田氏、奥田氏、香蓼氏和新加坡的黎伯概等，因此他们的一些观点也在吴汉仙的著作中出现。

综上所述，吴汉仙在学术上宗岐黄仲景，博采众家之长，既继承前人之说，又师古不泥，将各家之长融会贯通，终成一家之言。

二、阴阳气化为中医本旨

吴汉仙的一生处于一个特殊的历史时期。彼时，一种理论体系与中医完全不同的医学传入中国，对中医产生了极大冲击，以至于很多人对中医学理论、临床效果产生了疑问，甚至当权者也认为中医不是真正的医学而欲取缔。要捍卫或维护中医的生存与地位，最重要的就是必须认清中医学理论的本旨，在这一根本问题上，吴汉仙以“阴阳气化”来概括中医学理论的本质与核心。

现代对中西医理论的不同体系，多认为西医基于细胞组织的独立生理病理来探讨疾病的发生、演变和针对细胞组织病理的治疗，是从微观到宏观的思维；中医学则注重对生命的整体研究，从生命现象及其与自然的相关性来研究疾病的发生、发展与治疗，是一种宏观整体的思维。吴汉仙在当时则以“阴阳气化”来概括和阐明这一核心思想。

（一）阴阳气化的概念

首先，吴汉仙认为“中医之主体在气化”，相对于西医学的“形质”而言，他又称中医学为“气化医学”。

何谓气化？吴汉仙认为“气化之学，始于《灵》《素》”“夫《灵》《素》为形气汇论之书，《灵枢》多言形质，仍本气化；《素问》多言气化，偶言形质”“气化者，无形之元气也”。元气无形，气化无形，通过人体阴阳的变动，脏腑气机活动表现为有形可征。

中医则以人类之精神气血为阴阳主体。阴阳的消长变化、脏腑功能的强弱盛衰、气血的盈虚、精神的变化，这些都以一定的方式表现于外，阴阳气化活动正常，中医学将其概括为“阴平阳秘，精神乃治”“气血平均（衡）”。脏腑协调，经脉通畅。一旦疾病发生，人体的各种症状均反映出阴阳气化的变动。无论证候如何变化、疾病如何繁杂，吴汉仙认为都不过是阴阳气化的变动，这就是“阴阳气化之学理”。

因此，吴汉仙指出：“后天之阴阳为气血，先天之阴阳为水火；

何者为气血水火之形质；何者为气虚、血虚、水虚、火虚之症状；何者为阴虚火盛、阳虚火衰；何者为五脏之阴虚与阳虚；何者为阳虚下陷、阴虚下陷；何者为阳虚邪陷、阴虚邪陷；何者为阳陷于三阴；何者为阴虚阳不附、阳虚阴必走；何者为引阴出阳、引阳入阴；何者为气生精、精化气；何者为火化血、血养火，为阴根于阳、阳根于阴之至理。”这些都属于“阴阳气化之学理”的基本观点。实际上，吴汉仙将中医学的“整体辨证论治”观点，用阴阳气化学说进行了学术上的阐发。

由于“阴阳气化”是论述生命体的生理病理整体现象，因而在治疗中并不局限于对诸多病证的局限性理解，如吴汉仙在《中医破疑录》中论述“发热非热”“口不渴非寒”“小便黄赤非热”“下利脓垢非热”时，就十分强调对病证的辨识，必须注重从证候中辨别阴阳气化的变化特点，才能准确治疗。所以，吴汉仙认为一旦将阴阳气化的理论融会贯通，“吾国阴阳气化之学理据临床经验，诚足以起死回生”。

（二）阴阳气化的临证运用

由于当时中西医的论争焦点在于“形”“气”之争，吴汉仙潜心研究了中医学的“阴阳气化学理”，并形成较完整的吴氏“阴阳气化学理”基本体系。吴汉仙认为“阴阳气化之原理，为我国最高深之学术”。

吴汉仙以“虚损”一证为例，阐述了他的“阴阳气化学理”在临床辨证中的运用。

吴汉仙认为“虚损之病，有气虚与血虚者，有水虚与火虚者”，气血水火即阴阳在人体的形质。阴阳的变化，反应为后天气血、先天水火的变化。这种阴阳气化的特点，吴汉仙从 11 个方面进行了概括。

1. 论气血水火之形质。

2. 论气虚、血虚、水虚、火虚之证候。

3. 论阴虚火盛、阳虚火衰之症状。

4. 论五脏阴虚、阳虚之症状与药治。

5. 论阳虚下陷之症状与药治。

6. 论阳陷于阴之症状与药治。

7. 论阳虚邪陷、阴虚邪陷之症状与药治。

8. 论引阴出阳、引阳入阴之症状与药治。

9. 论阴虚阳不附、阳虚阴必走之症状与药治。

10. 论气生精、精化气之症状与药治。

11. 论火化血、血养火之症状与药治。

从吴汉仙总结的对“虚损”之阴阳气化的变化特点看，以气血水火、五脏阴阳变化为基础，重点论述了阴阳气化的不同变化形式。从病机上阐述虚损证的阴阳气化特点，虚损的本质是“虚”，一般以“补”为主，何脏虚则补何脏。若从阴阳气化学理去考虑，显然不完全是“补虚”的问题，而需以阴阳气化的病机去认识与辨证。

如有阴阳下陷，有阳虚邪陷，有阴阳失衡，宜引阳入阴或引阴出阳，也有精不生气，火不生精等不同的气化变动。

因此，同为阴气下陷，若陷于太阴，当用补中益气汤；若陷于少阴，应用六味地黄汤；若陷于厥阴，则宜用地骨皮散。同为阳虚阴不能涵，而欲引阳入阴者，因于房劳者，用附桂地黄汤；因于产后者，宜用姜桂四物汤。同一方的运用，如六味地黄汤，阳陷少阴用之为升阳；阴陷于阳用之为引阴出阳；精不化气用之则是补精化气等。这些应用提示，临床对于很多病证的辨识，应考虑到不同病证的阴阳气化趋势，根据不同的变化施相应方药。

（三）阴阳气化在人与环境中的应用

人生于天地间，其生理功能、病理变化，即人体的阴阳气化，无不时时刻刻受到自然环境的影响，日本和田氏在《医界之铁椎》中谓："人体为小宇宙，研究大宇宙之现状而应用于小宇宙。"吴汉仙也秉承中医学的一贯思维，认为天地之间同样存在阴阳气化，并且无时无刻不影响着人体生命，他总结出"阴阳气化"的学术观点，并认为"先天之媾造，必先有无形之气化，而后有有形之细胞""所谓无形生有形，细胞实根于气化者也"。也就是说，世间的万事万物，小到细微的微生物，大到人体，无论是植物还是动物，都必然根植于自然界的阴阳气化，然后才有可能产生万物。

吴汉仙在抨击余云岫"六气变化不足以致病"的观点时，详细阐述了人与自然的阴阳气化关系。

自然界最具代表性的阴阳气化，即六气的运动与变化。六气的气化有其节律或规律，如春温夏暑，秋燥（凉）冬寒，自然界属于正常的气化活动，如春气温和，万物生发繁荣，秋气凉燥，万物收敛成实。人体也具有类似的变化，自然界万物莫不如此。春生夏茂，不独植物，各种病原微生物及其寄主，也多于春夏发育成长。吴汉仙认为："炎夏溽暑，鱼肉馁败而蛆作，是菌根于暑也，感燥发咳，多成肺炎菌、喉风杆菌，每发于燥令时期，是菌根于燥也，物感湿而霉腐，人感湿而黄疸，霍乱病菌多发于湿令时期，是菌根于湿也。"一气当令，气化不同可以产生不同的病症，非时之气，吴汉仙称之为"二三气之交感"，更可因气化紊乱而产生病症。"夏日酷暑，骤然下雨，寒气生焉。冬日严寒，久晴无雨，燥气生焉。"吴汉仙以此说明，六气的运动变化导致自然界不同品类的生衍，产生不同的致病细菌，谓之"气化生菌""六淫为细胞之母"。同时，说明了自然界的阴阳气化影响着人体功能。至于疫气，必须在适宜的六气气化中方能致病，如春夏多流行各种疫病，而冬季较少，是因为春温夏热造成的疫疠传播。

六气的气化运动也能抑制生物的变化，如冬令严寒，主收藏，各种生物，也包括致病微生物均处于不繁殖、不活动状态，甚或死亡，吴汉仙称之为“气化杀菌”。运用六气的这种气化规律，调节人体的阴阳气化，就能达到“杀菌”治病的目的，“热病在上，则取芩连之苦寒以泄之；若在下，则取芒硝之咸寒。热为病，即热为菌也。是寒气之足以胜热病者，即寒气之足以杀菌也，所谓寒能胜热也。”“燥气为病，甘露以养液，琼玉以滋阴，取二地之甘寒，以治燥气之太过，是湿气之能杀燥菌也，所谓湿可润燥也。”这种阴阳气化的生菌杀菌，所反映的本质仍是中医学辨证施治的特性，但强调了阴阳气化的变动过程，更有助于阐明中医学原理，说明了中医学的科学性。对中医学而言，吴汉仙的阴阳气化思想仍然具有特性，即他将人体变化与自然界变化相联系，以“阴阳气化”的概念进行表达，能从更深的层面反映人与自然的整体性，亦可为当今发展中医学提供思维借鉴。

三、辨证重寒热，以提纲挈领

从张仲景在《伤寒杂病论》中具体运用八纲（阴、阳、表、里、寒、热、虚、实）对疾病进行辨证论治，到明代张景岳首次在《景岳全书》中提出“二纲六变”，以阴阳二纲、寒热虚实表里六变作为辨证的纲领，后世历代医家多宗此法。吴汉仙亦说：“表里阴阳虚实，六者为辨证之提纲……中医之所详也。”其中，由于寒热较突出地反映了疾病中机体阴阳的偏盛偏衰，病邪基本性质的属阴属阳，因此吴汉仙认为：“吾国医学之重要，概括于寒温。”在临床辨证中建立了一套以“寒热为纲，统领虚实表里”的辨证论治体系，该体系体现出他对寒热的病位（表里）、邪正盛衰（虚实）以及寒热真假的精准辨别，抓住疾病寒热的本质进行辨证论治。如他在论寒热的病位上，将已有恶寒症状的疾病分为表寒、里寒、表里皆寒、表寒里热；将有发热症状的疾病分为太阳之热（表热）、少阳之热（半表半里之热）、阳明之热（里热）。虽同为有恶寒或发热的症状，然其实质是不同的。如他在阐述表寒里寒时说："何谓表寒，如伤寒初客太阳，头痛项强而恶寒，名曰外感。仲景麻黄汤，所以去表寒也。何谓里寒，凡伤寒不传阳经，而直入阴经，手足厥冷，脉微细，下利清谷，名曰直中，仲景四逆汤，所以去里寒也。"抓住了寒在表里病位的质的区别，其治法方药也各不相同，对临床寒热病位的辨析无疑具有指导作用。在对寒热的虚实论述中，他宗"外感多实，内伤多虚"的思想，因外感寒热之邪不外乎"阳胜则热，阴盛则寒"。其关键还是在于对病位的辨别。

因此，吴汉仙对寒热之实证并无太多阐述，仅就其治法提出"邪在皮肤者散之，在肌腠者和之，在肠胃者下之；邪入三阴，寒者温之，热者泄之"，依旧是按其病位之不同分别采取散、和、下、温、泄的治疗方法。

对于内伤发热，吴汉仙则围绕着气虚、血虚、阴虚、阳虚之不同进行论述。他说"若饮食劳倦，内伤元气，则真阳下降，内生虚热""又有血虚发热，昼静夜剧，盖阴血既虚，则阳气偏胜而为热""阴虚发热者，此真阴亏损，小不制火也，故有内热骨蒸痿咳烦躁吐衄等证，盖以阳亢乘阴而阴失其守，故肾水枯涸而为热也"。对气虚、血虚、阴虚所致发热的病因病机作了深入浅出的阐述。

值得一提的是，一般情况下，医家多认为"阳虚则内寒"，吴汉仙在其著作中却将阳虚视作发热的原因，从他阐述阳虚发热的病机为"肾气虚寒，逼其无根失守之火，飞越于上下而为热也"可知，他所指的阳虚发热实为真寒假热证。因其本质为虚，且又有发热的症状，吴汉仙才将其归于虚热一类，由此亦可见他对辨寒热虚实之详细。他将“产后发热，多血虚”“小儿痰疮发热有虚实不同”亦纳入虚热证进行辨析也可体现出这一点。而对于虚热证的治疗，吴汉仙亦宗“治内伤如相”之义，重在抚绥，提出“但补其虚，不治热而热自退”的观点，真可谓是字字珠玑。寒热的真假在临床上表现复杂，而且往往显现在疾病的危重阶段，如药证不符，则下咽即败，吴汉仙认为是“几微疑似之间，盖生死关头所系也”。面对证、症不符的复杂疾病，进行正确辨证的关键还是在于抓住疾病寒热的本质。他认为真热假寒的病机是“阳盛于内，阴格于外”的实热证，假热真寒的病机是“阴盛于内，阴格于外”的虚寒证，只有清楚这一点，才能分别予以“泻其内伏之火”和“引火归源”之法。

另外，在伤寒温病的辨别上也能体现出吴汉仙重寒热以提纲挈领的思想。关于伤寒与温病的辨别，历代医家争论不休，直至近代，仍有不少医家因对伤寒与温病的辨别莫衷一是而产生误诊误治。

吴汉仙在伤寒温病的辨别上说：“伤寒温热，以寒热二字决之，则名义正矣。”认为辨别伤寒与温病应判断是否有发热或恶寒。以已发热或未发热，必有恶寒者断为伤寒；以发热而渴，不恶寒者，断为温病。指出伤寒与温病的本质在于区别寒热，伤寒的本质属寒，病位在表，故应以辛温之品以散寒；温病本质属热，病位在里，故应以寒凉之品以折其热。可见，吴汉仙以寒热断伤寒温病确实能在辨别和治疗上起到药到病除的作用。

综上所述，吴汉仙建立的以寒热为纲的辨证论治体系基本上囊括了以寒或热为外在表现的疾病，在临床上起到了奠基作用。

四、临床重辨证，善反常思维

历代医家均提倡辨证论治，但在临床具体操作时，往往会受惯性思维的影响，并不能真正做到这一点。吴汉仙的学术特点之一，就是在临床之际，能全面观察，综合分析，见微知著，突破固有模式与惯性思维，真正做到因证（症）论病，因病立法，由法而立方选药。

众所周知，诊断是治疗的前提。只有正确的诊断，才能做到正确的治疗。因此，诊断历来也最受医家的重视。中医诊断经过几千年的发展，在历代医家的总结发挥下，已经达到相当成熟的水平，但也形成了一些诊断上的惯性思维，如《医学心悟》中将表里寒热的诊断概括为“一病之表里，全在发热与潮热，恶寒与恶热，头痛与腹痛，鼻塞与口燥，舌苔之有无，脉之浮沉以分之”“一病之寒热，全在口渴与不渴，渴而消水与不消水，饮食喜热与喜冷，烦躁与厥逆，溺之长短赤白，便之溏结，脉之迟数以分之”。以上对寒热表里诊断的概括就容易形成对寒热表里的固定思维模式，即在临床上一见到代表性症状，在所形成的惯性思维的影响下就忽略了其他症状，从而影响对疾病的正确诊断。这样的例子在中医诊断中屡见不鲜。吴汉仙在临床上则非常注意打破这种固定思维模式，在诊断上见微见细，进行全面的综合分析，如其对脉象的分析，临床诊断中的固有思维是脉浮主表，脉沉主里，脉迟主寒，脉数主热，脉弦强主实，脉微弱主虚，但吴汉仙认为不可一概而论，他认为浮脉可见于中气亏损者、阴血受伤者、火盛水衰者、格阴格阳者。

如张景岳所说：“浮而有力有神者，为阳有余……浮而无力空豁者，为阴不足。”因此，还应注意脉之有力无力，不能一见浮脉就诊断为表证。沉脉虽主里但在表证中也可出现，如寒束皮毛，阳气为阴邪所蔽，脉不能外达，多见沉紧而数，说明沉脉不一定主里。而迟脉不但主寒亦可主热，如温病因热郁于内，尚未外达，就多见迟脉；还有六阴之脉，虽有里热，而脉不甚见数，以及病后余热未消，脉多迟滑等都可见迟脉。

其中以温病热邪聚结，阻滞经气在脉道中的通利而导致脉迟多见，而六阴脉是一种生理脉象，本属迟缓，判断其是否有热，则需将其发病前后的脉率进行比较。

对于数脉，张景岳说："滑数洪数者多热，涩数细数者多寒，暴数者多外邪，久数者多虚损。"萧万兴也说："数本属热，而真阴亏损之证，亦必急数也。"指出外邪引起实热可见脉数，真阴内亏引起虚热亦可见脉数。吴汉仙对此观点表示赞同，认为不可一见脉数就当作实热，并提出"内有实火，脉多不数，而惟洪滑有力"。指出洪滑有力之脉才是诊断实热之证的特征性脉象。

《中医诊断学》认为弦为肝脉，主肝胆病、诸痛症、痰饮等。主要因寒热诸邪、痰饮内蓄、七情不遂、疼痛等，使肝失疏泄，气机失常，经脉拘急，血气敛束不伸，以致鼓搏壅迫，脉来劲急而弦。其中弦强多主实证，但吴汉仙宗戴同文"弦而轻，其病轻，弦而硬，其病重"之说，认为久病后出现弦强脉是胃气已尽，按之必无根，并认为这是与实热相异之处。同样在临床上常用来诊断虚证的微弱脉象。

吴汉仙也提出了不同看法，他认为有人禀赋如此，虽感受外邪，但其微弱脉象并不会发生什么改变，此其一；亦有本系热证，因下之不得法，邪未尽而正气正虚，亦可见此种脉象，此其二；另有热伏少阴，脉反微弱无力，且如欲绝之象，此系内热亢闭，气不达于脉管，此其三。

以上仅是吴汉仙在诊断上对浮、沉、迟、数、弦强、微弱等脉象所主病做的一个新的补充诠释，说明了各脉对其所主的疾病并没有决定性的意义，体现了吴汉仙在诊断上不为常理所囿的反常思维模式。

在治疗的处方用药上，也同样可以体现出吴汉仙这种独特的反常思维方法。如其认为"大黄可以安胎"，这一点就与常规医理不同。大黄性味苦寒，归脾、胃、大肠、肝、心经，有泻下攻积、清热泻火、止血、解毒、活血祛瘀的功效。

《神农本草经》认为大黄能“下瘀血、血闭寒热，破癥瘕积聚，留饮宿食，荡涤肠胃，推陈致新，通利水谷，调中化食，安和五脏”。

《本草纲目》认为大黄能治疗“下痢赤白，里急腹痛，小便淋沥，实热燥结、潮热谵语，黄疸，诸火疮”。

《药品化义》认为：“大黄气味重浊，直降下行，走而不守，有斩关夺门之力，故号将军。专攻心腹胀满，胸胃蓄热，积聚痰实，便祛瘀血，女人经闭。”

鲜少有人提出“大黄可以安胎”之说，在临床上一般认为孕妇应忌用。但吴汉仙并不囿于常理，他在治疗妊娠温病时，宗杨粟山“如热甚燥急，胎动不安，必须下之”之说，认为“邪气与胎，势不两立。邪气盛，则火毒内逼，胎自无容身之地，势必随之而堕矣。惟用承气汤逐去其邪，则炎热顿化为清凉，邪既退而胎自固”。在临床上果断使用大黄攻逐火毒，取得了满意疗效。

对于大黄的使用禁忌，他认为“大黄但攻肠胃之秽毒，胎附于脊，实在肠胃之外，用之得当，全无妨碍”。可见吴汉仙用药虽然有违常理，但还是基于其丰富的理论知识和临床经验，绝非莽撞之举。

又如其使用龙胆泻肝汤治疗风湿热痹重症，以单味熟地黄治疗下焦虚损，大便滑泄，他药不效者，以回阳返本汤治疗戴阳虚狂证等，都是临床上极少见到的处方用药方法，由于药证相符，故疗效颇显。

综上所述，吴汉仙在临床辨证论治中不囿常理的反常思维也是其学术上的一大特点。他的这种反常思维，是建立在丰富的中医学理论知识和临床经验之上的，体现了中医辨证论治、治病求本的精髓。

同时，这从另一方面说明，无论是何种思维，只有真正领会了中医辨证论治的思想，在临床上才能做到“虽遇证候万变之纷乘，而我不为所惑”。

五、小结

吴汉仙先生为捍卫中医合法权利、兴办中医教育、创建中医医院及报纸杂志，不辞辛劳，上下奔走，确实为近代中医的生存和发展做出了不可磨灭的贡献。

在学术上，先生宗岐黄仲景，博采历代众家之长，阐发幽微，独具匠心。临床经验丰富，在辨证论治、遣方用药方面都颇有见地，堪为后世楷模。

历史一旦成为历史，我们就不可能完完整整地将它再现于后世。这里对吴汉仙先生所做的研究也仅基于目前能找到的一些文献资料，难免有所遗漏，恳请各位专家及读者予以批评指正。

吴汉仙医案精选

柈湖遗案

——整理吴汉仙老先生医疗经验之一

湖南中医学院病证研究室　吴子明

一、痨瘵

某君，患咯血证，住某医院三月阕矣。又三月病复作，咯血如故。一日请西医照X光，骇曰：“君肺已失其半，不可为矣，请出院。”某君嗒然而出，鸠形鹄面，言语不能成声，乃延余治之。初方微效，旋更数方咯血止，再服数方，病全已，今健步如飞，与在院若两人焉。于是，某君长揖以谢余曰：“先生之方真起死回生，肺失半而人复活，敢问其故？”余曰：“人以血气而生，血气滞弱则病生，病生则脏腑之变化失其常态，彼谓肺失其半者，肺萎缩或下陷耳，君之肺固自在也，服余之药则气血行，肺受气血之鼓荡而复张，试再以X光照之，君之肺全矣！”某君果往医院照X光，西医诧曰：“君之肺全。”细问其故，且请中医之方，尽购诸药，施以化验，奇之曰：“是药也，安能与肺生关系而复全之哉？”某君又以此告，余曰：“中医取药之气味以除病，病去则肺振。且中医治病，固有对其病形直接治之者，亦有间接治之者，如中医治目常治肝，治齿常治肾，以目属肝而齿属肾也。取药之气味入肝肾而达于目与齿，根本固，枝叶不摇矣。血气为身体各部分之本，安可专主形质而舍气化焉。西医称肺痨，中医轻者曰虚损，重者称痨瘵，此名义之不同也。至于治法，西医以抗痨为主。若论中医，则异于此矣！肺病初起，其感风寒而患咳嗽者，仲景青龙汤辛温以散之；其感风温而患咳嗽者，吴氏桑菊饮辛凉以散之；其因表寒里燥而患咳嗽者，拟千金麦冬汤（麻黄、麦冬、桔梗、桑白皮、法半夏、生地黄、紫菀、竹茹、五味子、生姜、甘草）。长此以往，或由火气乘肺，或由痰火凝肺，或由水饮冲肺而咳嗽不止者。火气乘肺以清燥救肺汤，痰火凝肺以紫菀汤，水饮冲肺以葶苈大枣泻肺汤治之。然此等化痰、清火、泄水之施，不过治标之法耳，若论治本，则惟以滋养肺阴为要。余临证四十余年，每遇阴虚肺燥、生痰带血，或干咳不止者，酌用何氏清金散加减（天冬、麦冬、百合、桑白皮、地骨皮、薄荷、天花粉、茯苓、枇杷叶、薏苡仁、人乳、牛乳、白蜜，加川贝来冲服），夜服噙化丸（天冬、麦冬、款冬花、橘红、川贝、枇杷叶、柿霜、桔梗、五味子、天花粉、桑白皮、百部、紫菀、玄参、薄荷、甘草十六味蜜丸，临卧服），兼进清宁膏（生地黄、麦冬、百合、桑白皮、款冬花、百部、玉竹、桔梗、枇杷叶、橘红、薏苡仁、茯苓、白芍、炙甘草、桂圆、大枣十六味，各数两，熬成膏，加饴糖一两，薄荷、川贝、山药末各数两，拌匀服之），活人无数。其有阴虚内热恶寒，时见于午后子前者，进以保阴煎（熟地黄、生地黄、麦冬、天冬、龟甲、鳖甲、牛膝、玉竹、茯苓、山药、龙眼肉、人乳、牛乳，内热有汗加地骨皮，无汗加牡丹皮，咳加桑白皮、枇杷叶，肺脉无力加人参），多服久服，亦有生效者。至若结核已成，因而咳吐痰血，腥臭异常者，宗近世张锡纯氏，以此证为肺痈，消息于徐氏灵胎之说，治以清热润燥，解毒祛瘀，按法治之，获效者众矣。而唐氏容川之疏表泄里，外除内攘以及高者越之之法（详容川《血证论》），亦宜参考而互用之。此外，有肺失所养，转枯转燥而为肺痿者，与肺痈不同，按喻氏曰："肺痈属在有形之血，血结宜骤攻；肺痿属在无形之气，气伤宜徐理。"数语已括治疗之纲要，而唐容川主用保和汤（甘草、阿胶、百合、知母、贝母、五味子、天冬、麦冬、桔梗、薄荷、饴糖、薏苡仁、马兜铃）与清燥救肺汤，张石顽主用人参蛤蚧散，张腾蛟主用止嗽散（藕汁、梨汁各四两，姜汁二两，莱菔汁、白蜜各三两，叭哒杏、川贝各二两，纳瓷锅内熬膏），不时噙化，奇效。皆为治瘵之要品。总之，肺既成痨，无论如何，当以保阴为要，然临床施治仍以杀虫为主。如余治长沙某大医院司书肖觉先肺病，脉大无力，肺气衰弱，声低息短，疲倦懒言，西医断其肺坏不治，余用补中益气汤二十余剂而痊。治长沙张春蔚之子琦生，患冲咳不止，曾经某大医院查验，诊为三期肺病，余用知柏地黄汤重加龙牡潜镇之品，三十余剂而痊者，皆此之例也。

注：此案治于1931年左右。

二、虚劳（吴棣庭师长虚劳治案）

证候 旧病虚劳吐血二十余年，近日症见上部头目眩晕，面色萎黄；中部咳嗽气喘，惊悸怔忡；下部脚软酸痛，举步维艰。

诊断 左寸虚微，主心阳不足，右尺濡弱结代，主命门真火大衰。命为生气之根，根气不强，百体瘘弱，惟真阳既旺，蒸水化气。气达于上部而晕眩去，气达于中部而喘悸平，气达于下部而酸痛解。

疗法 当先补肾阳，次达心阳。方用附桂硫黄益火，枣仁远志龙眼肉通心，主要在重加芪术，峻补黄庭。佐以血肉有情之动物，扶阳济阴，务使其气之能达。

处方 野参二两，北蓍一斤，野术半斤，远志二两，酸枣仁四两，龙眼肉四两，荔枝半斤，茯神四两，炮姜二两，乌附块二两，甘草五钱，紫河车四个，共十二味，熬取浓汁，另加鹿茸二两，鹿胶二两，龟胶四两，绿水桂末一两，天生硫黄末五钱，冰糖一斤，白蜜一斤，再成膏，早、晚进服。

效果 服膏一月，上下两部，诸症悉解，饮食倍进，健步如常。惟中部积年喘咳，尚未尽除。仍本前法，加入胡桃、固脂、蛤蚧等类，膏丸并进，半载全安。

注：此案治于1920年左右。

三、风温

同邑张平安，患风温咳嗽，发热口渴，喜饮沸汤，前医屡进姜附，咳愈剧。余察其舌，苔白而燥，然为沸汤起疱者甚多，酌用清燥救肺汤，重加石膏一剂，热咳转增，余以石膏寒降，若骤抑之，必水火相激而然。再用原方增减缓进，五剂后，渴止热退而咳嗽亦平。

夫风温之病，发于当春厥阴风木行令之时，风邪外袭，肺胃被其刺激，发为热温咳嗽，风为阳邪，阳邪从阳，化为燥热，饮以沸汤，如火就燥，同气相求，各从其类，此自然之理也。寒在肺胃而饮沸汤者，伤寒常证也；热在肺胃而饮沸汤者，风温之变证也。当由脉证详辨之。

四、痢疾

近里门生傅文翰患痢疾，里急后重，下利脓垢，日夜数百次（注：疑数十次之误）。腹痛不休，前医专主攻导，脓垢反多。余曰："六脉鼓指而数，重按则虚，此脏寒也。"下病脓垢作痛，缘痢久伤阴，膏血切肤，安能不痛？以大剂参附理阴煎，重加芪术，数剂霍然。

人感泄证而下利脓垢，多主四逆理中（即理中汤加附子）补土扶阳为正治。至因痢疾里急后重，下利脓垢，未有不认为热邪，而以攻逐为对症之疗法也。然有体气虚寒及久病不止者，当知脓垢一物，乃附肠着脏之脂膏，实为既败之精血，急进温补，犹恐不及，况敢妄用攻逐哉！余见世医，往往误治，可为感叹！

五、伤寒

某君，患肠窒扶斯（即西医所指之肠伤寒），经十余日，腹满下痢，脉弦大，体温三十九度强，以承气汤下之，便通一回即发汗而热解。夫硝黄为下剂，世人皆知之，是非下剂为汗剂之用乎？盖伤寒头痛恶寒，多系三阳表证，表证未除，遽用承气下之，则表邪内陷者多矣。

若温病头痛恶寒，实由火郁入内，阳气不能外达所致，虽有表证，实非表邪，切不可汗，汗则内邪愈炽，惟用承气先通其里，里气一通，多从战汗而解。譬之林鸟就缚，必不能飞，苟去其缚，则毛翮然而升举，此承气汤之能解表也。

六、阴虚发热

同里刘某，以房事过度，夜间发热无汗，酌用大剂地黄汤二剂，天明汗逾而热解，再遇阴虚发热之证，屡用此法，或加柴芍，或加知柏，活人多矣！

地黄性质凝滞，用于表证最为妨碍。然有阴虚发热，多由肾水干涸，不能作汗，最忌发散伤阴，惟用大剂地黄汤补水济火，自然热退而汗出。

七、妊娠病温

长媳张氏，妊娠病温，发热燥急，嘱家人用靛花（注：青黛之别名）二两，千脚泥四两，作两饼，轮敷脐下关元，随用解毒承气汤泄之，子母无恙。时族叔遂儒之长媳胥氏，亦妊娠病温，以余外出，延某医治之，乃以芩术驴胶为安胎之主药，下咽片刻，胎即堕矣！某医曰："余已注意保胎，何胎反堕也？"噫！见识不明，贻祸匪浅，伊谁之咎乎？

或疑大黄伤胎损气，不敢轻用，不知邪气与胎，势不两立，邪气盛期火毒内逼，胎自无容身之地，势必随之而堕矣！大黄但攻肠胃之秽毒，胎附于脊，实在肠胃之外，用之得当，全无妨碍。余屡见世医治妊妇病温，竟注意保胎，或以阿胶，或以黄芩、白术，下咽之后而胎即堕矣。此何故哉？盖因邪火内郁，反进滋补以助其焰，何异火上浇油？所进之阿胶、白术，不仅不能保胎，反助邪火，以促其胎之速堕也。惟用承气汤急去其邪，邪去而胎存。但虚弱者，不可以常法正治，当从其损而调之。

八、痹证

李季桐，患手足痛痹，初用凉血化瘀，息风清热之剂，痛不解，即以龙胆泻肝汤，重加桑枝、桑根各数两，取汁煎药，外敷海蜇皮。后治文企山、吴蔼南诸君，亦用此法，均获痊愈。又治蔡义樵妻吴氏，痛痹将成瘫，蔡知医，治以辛温，其病益剧。余重用辛凉，旬日而解。

余治痹痛，察其脉证，果系风热相搏，即易辛温为辛凉，甚则进以苦寒。证之轻者，养血清热，息风活络，如生地、白芍、白薇、紫草、金银花、红花、桑枝、泽兰、桑寄生、穿山甲（注：现多用替代品）之类；重者必用龙胆泻肝汤加红花五分，在手加桑枝二两，在足加桑根二两，或加丝瓜络一两，以胆草泻热搜风，而痛可立止。外用蜇皮四五两，冷水浸洗贴痛处，屡试屡验。世医狃于方书辛温疏散之说，而畏用苦寒，误者必矣，故特表而出之。

九、厥证

邻人陈复朝妻闵氏患温病，热盛神昏暴呕，体厥脉绝，舌白下痢，拟进解毒承气汤。旁有问之者曰："厥冷脉绝，舌白下利，得毋四逆理中乎？"余曰："伤寒厥冷，舌苔必薄而滑，今舌苔白厚而燥，伏邪在里无疑，其下利者，亦协热旁流之类也。"迳用前方下一次，厥回而脉亦出。嗣因停止泻药，复作体厥，乃连进承气汤九日，下尽里物，诸证始平。

凡厥者，明阳气不相顺接也，不相顺接者，是言阴阳之气不交，厥自厥而热自热，不能合同而化也，故有阴厥、阳厥之分。其表里皆寒而为阴厥者，证见四肢冰冷，爪甲青黑，腹痛拘急，下利除中，呕吐酸苦，冷厥关元。舒驰远治以黄芪、白术、砂仁、半夏、干姜、附子、吴茱萸、椒目急驱其阴，以回其阳。陶节庵则以回阳急救汤（党参、白术、茯苓、法夏、陈皮、附片、建姜、五味子、肉桂），小腹痛加盐炒吴萸，无脉加胆汁或原寸（注：麝香）三分，兼灸关元、气海，为三阴寒厥之主力。

若夫里热表寒而为阳厥，伤寒温病皆有之，亦属内热亢闭。盖热伏少阴，火郁气阻，体中之热不能由里而达表，故四肢多见厥冷，甚至遍身水冷，此体厥也。轻则增损双解散（僵蚕、蝉蜕、薄荷、荆芥、防风、黄芩、黄连、栀子、连翘、石膏、大黄、归身、白芍、姜黄、滑石、桔梗、甘草、白蜜、黄酒兑服），重则解毒承气汤（黄芩、黄连、黄柏、栀子、大黄、枳实、厚朴、玄明粉）斟酌下之。但此证九死一生，若数下后，厥不回者必死。亦有下数十次，厥方回而得生者，须知因下而得生者有之，不下而得生者，未之有也。

十、温病误补

同邑河塘马口渡许宗海患越经证，睡中自语，六脉沉伏，前医屡进桂附，迁延数月不愈。余用承气汤攻之，竟下完谷。清晨，目赤谵语头汗，病家因见完谷，认为虚寒，转怪余之药误，欲仍用前医。余曰："热伏少阴，屡进温补，邪入血分，愈引愈深，今用承气直攻，则郁阳暴升，而为目赤谵语头汗，其深入血分之伏邪，药力尚未到达，而肠胃中新进之粥食，反被大黄逼迫而下，未及消化，此完谷所由来也。若再用前医，则是证必以温补而殒命，而余反以攻下而被冤，生死关头，不可不辨。遂独任其责，先清血分之伏邪，嗣用承气再攻之，竟下黑粪斗许，连下七八日，粪始转黑为黄，而病已愈，可见黑粪之为血毒，实误于桂附也。

十一、温病心悸

同邑谭鸿儒，温病心悸，前医屡进远志、酸枣仁不解。余曰："温病心悸，郁热由盛，火邪直犯中宫，故心气不宁而悸也。"酌用凉膈散下之，并用白糖化地龙十数条，井水调匀澄清，入茶壶内频频饮之，不终剂而悸自止矣。

十二、缩阴

陈节凡患缩阴，诸医以为房后感寒，方主温肾，不效。余诊其脉，洪数有力，里热便秘，以邪郁血分，血不营筋，故阴缩也。酌用逍遥散加大黄利之，一剂遍身发疹，阴物即出而安。

十三、小儿惊搐

长沙药王街天申福王春熙小郎，久患吐泻，发热咳嗽，气喘痰鸣，时发惊搐。举家惶惶，急延余治。余拟重用温补，然危险已极，不批案留据，恐以不治招尤，乃援笔批云："吐泻后，鼻煽面青，风木侮土之危候，急宜补土敌木，土旺则风自平也，迳用姜附六君子汤重加黄芪二剂。"吐泻如故。次日复诊再批云："脾肾久伤，连进温补而吐泻不止，此下元虚惫已极也，酌用胃关煎加肉蔻、诃子、粟壳，大温大补而收涩之。"第三日复诊再批云："吐泻既止，时发惊搐，此脾阳渐复而风木未平也，附桂六君子加白芍吴萸主之。"第四日再批云："惊搐已止而咳嗽痰鸣，此风木已平而饮邪未尽也，附桂六君子汤倍茯苓加细辛主之。"连服五剂，竟奏全功。

十四、不眠

三兴街吴玉记小郎，发热口渴，六脉浮数，谵语痰鸣，大便溏泄，小便频数，叫号辗转，莫名所苦，三四昼夜不得眠。审系阴虚阳越，魂不附肝，神不附心。急宜安魂养神，潜阳敛阴，方用生地、麦冬、玄参、白芍、牡丹皮各三钱，栀子仁一钱，龙骨、牡蛎各八钱，莲子心、橘络、合欢皮、女贞子各二钱，朱砂一钱五分。服下半剂，是晚熟睡，诸症悉解。

注：十三、十四两案治于 1936 年。

医界之警铎

一、绪言

轩岐仲景之书，将以导天下万世共由之路，而示学者以征信不疑者也。

然我国医学之重要，概括于寒温，内伏之原因既异，斯外呈之证候各殊。故有病理之显者，亦有病理之微者。病理之显者，学者知之；病理之微者，或有不能尽知矣。

夫当临床之际，苟遇病理之微者而不能尽知，何异操舟者鼓棹江中，猝遇狂风骇浪，两暗云迷，而莫知所向，势必头眩心悸，神丧胆落，而有覆溺之祸矣。医者于此，苟方寸之疑不能自决，则因疑生畏而不敢以进，因疑生误而冒昧以进，皆足误人生命也。

余临证四十余年，遇病理之微者，必再三审慎以推究其原因，权变以治之，成效可决也，盖原因为证候之本。既得其本，则虽遇证候之万变纷呈，而我不为所惑矣。是编之作，所以独重原因也。

夫原因医学，中西各不相侔。西医所谓原因者，大都以器械差别为主，其得也粗而浅，所谓外的原因也。国医则以神机默运为主，其得也精而深，所谓内的原因也。和田氏曰："今日原因医学之发达，皆显微镜与化学之所赐耳。"然余不以外的原因为已足，当进而研究病理之所以生此变化。所由出之关系，显微镜所不能显，化学所不能化之内的原因，而始得谓原因医学之进步也。观于此，则国医之原因医学，迥非西医所能及者。试以首篇发热论之，西医但知冷罨而已，凉泄而已，若以发热为非热，必消息于气血水火诸虚之所致，西医不知也。以次篇恶寒论之，西医但知温散而已，兴奋而已。若以恶寒为非寒，必用承气汤以泄内热而恶寒始去者，西医不解也。则余之专究是编，非傲西医以所不能也，殆欲世界学者，共知我国之原因医学，为深远而难及耳。

二、发热非热

吾国医学，对于身体发热之原因，有外感内伤之辨。外感之热，为邪气之实，六淫之侵，饮食之伤，自外而入者也。内伤之热，为正气之虚，七情房欲，劳役耗神，自内而发者也，如战阵然。热由外感者，犹寇贼之乘虚而进攻也；热由内伤者，犹士卒之匮饷而生变也。故寇贼外攻，则重在剿灭；士卒内变，则重在抚绥。观于此，而发热之原因，与治疗之方法，可知之矣。昔日医和田氏，著自然疗能论，谓能以人力减去病毒，或增进细胞之抵抗力，则发热轻微，而医疗之目的达矣，噫！此明于疗热者也。西医疗热，常以安替必林等个性之药品为解热通剂。而外感与内伤，实热与虚热，皆茫然不解。日医求真氏对于我国之伤寒，具知大概。虽内伤发热，尚未发明抚绥之术，而外感发热之重在剿灭者，犹能遵我圣经而凿銮言之。

观其论太阳发热，谓延髓中之体温生产中枢，受毒素刺激而亢奋。其结果为体温升腾，卒以不发汗，使无路输出之毒素迫于筋骨，而为头项强痛，四肢倦怠，为欲泄而不能泄，故处以桂枝汤、麻黄汤、大小青龙汤，以温散太阳之热。

其论少阳发热，谓调节中枢疲劳，不能输送多量血液于体外，而反充盈于体内。故于表证转入舌上白者，处以小柴胡汤；白苔变黄者，处以大柴胡或加石膏汤，以清解少阳之热。

其论阳明发热，谓毒素不间断之刺激，高热持久，体温调节为之扰乱，放散告穷，毒素无外出之路，反深集于体内消化管，故处以大小承气汤，以荡涤阳明之热。

彼盖以外感之热，皆因毒素之刺激而为害，故以青龙汤之麻桂发汗，有从皮肤驱逐毒素之能力，以柴胡汤之半夏利尿；有从尿道驱逐毒素之能力，以承气汤之大黄泄下；有从肠管驱逐毒素之能力，且以石膏能解酸毒性证，而有中和酸毒之能力。故但审察病毒之所在，神机默运，一举而荡平之，所谓寇贼外攻，重在剿减者也。

若夫内伤发热，有因于气虚与血虚者，有因于水虚与火虚者，此中原理，非西医所得而知。日医亦罕能辨者，气虚之热，劳役神疲，元气受伤，阴火乘其土位，故处以补中益气汤而热自退，此甘温所以能除大热也。

血虚之热，阴血内亏，则阳气偏胜而为热，故处以知柏四物汤，而热亦退，此滋阴所以降火也。

水虚之热，真水既涸，则虚火上炎，故处以地黄汤而热亦退，此壮水所以制阳也。

火虚之热，肾气虚寒，逼其无根失守之火，浮越于外而为热，故处以附桂八味汤而热亦退，此则所谓导龙入海，引火归原者也。

夫外感为邪气之实，去之惟恐不速，日医犹能知之。至内伤为正气之虚，但补其虚，不治热而热自退，此则所谓士卒内变，重在抚绥者也。而惜乎现今世界之讲治疗学者，专重剿减，不重抚绥也，故余首揭发热非热之义，以为疗热者告焉。

三、恶寒非寒

自霜降后，天气冷寒，感之即病者，伤寒也。故有表寒，有里寒，有表里皆寒，有里热表寒，有表热里寒，治者皆以去寒为急务，然有内真热而外假寒者，不可不察也。

何谓表寒？如伤寒初客太阳，头痛项强而恶寒，名曰外感，仲景麻黄汤（方见发热非热），所以去表寒也。

何谓里寒？凡伤寒不传阳经，而直入阴经，手足厥冷，脉微细，下利清谷，名曰直中，仲景四逆汤（干姜、附子、炙甘草）所以去真寒也。

何谓表里皆寒？凡伤寒表受寒邪，更兼直中于里，名曰两感，仲景麻黄附子细辛汤，所以去表里之寒也。

何谓里热表寒？如火郁于内，更加外感寒邪，多有恶寒之候，酌用防风通圣散（荆芥、防风、白术、白芍、当归、川芎、栀子、连翘、黄芩、石膏、滑石、桔梗、麻黄、薄荷、大黄、芒硝、甘草）以泄里热，兼解表寒也。何谓表热里寒？如人体虚寒，外感温热之气，此为标热本寒，清剂不宜大过，更有阴寒在里，逼其无根失守之火浮越于外，肌肤大热，欲坐卧泥水中者，此阴盛逼阳之证，酌用回阳返本汤（人参、麦冬、干姜、附片、陈皮、五味子、陈茶、甘草、葱七根、黄连少许，泥浆水煎）引阳入里，是虽不恶寒，反恶热，治者犹亟亟以去寒为要也。

惟温病火亢已极，反兼水化，此阳盛于内，格阴于外，体温之热度，壅塞于血管之内，不能由肌肉而达皮毛，故呈此恶寒之假象，所谓内真热而外假寒也，误投热剂，下咽即效矣，惟用承气汤以泄里邪，玄参麦冬以滋阴液，生地丹皮清血管之郁热，人中黄解脉络之毒质，则营卫疏通，热不内郁，而表邪自解，毋以去寒为急也，故曰恶寒非寒也。

四、恶风非风

仲景论中风之证，一则曰汗出恶风，一则曰淅淅恶风。其汗出恶风者，陈修园解为风干肌腠而外不固也；其淅淅恶风者，唐容川解为汗既漏出，如淅米之状，故曰淅淅。风来乘之，直入肌肉，则营血受伤，故恶风也，然则恶风之证，实由风之为病也。

风之为病，唐氏谓为水冷火热，不得其平之故。西洋天文学家言空中之气，有冷热二种，空气热则涨而上升，他处冷空气即来补之。我国冬日热带在南，故风自北而南者，则为寒风；夏日热带在北，故风自南而北者，则为热风，风气随寒热转移，其邪之伤人，既非一致，治法亦判若两途。病寒风者，多起于冬日，仲景桂枝汤（见发热非热），所以治风中之寒也，病热风者，多发于春夏，仲景麻杏石甘汤，所以治风中之热也，盖既为风病，治者当以去风为急也。

然亦未可概论者。风在六气，属厥阴肝木，厥阴主营血，血虚招外风，故唐氏辟注家之误，独以为风伤营，夫营血素虚之人，风邪每易乘虚而入里，积之既久，化而为热为毒，中医以为伏邪，西医以为细菌（即西医伤寒伤风，均有杆菌之说），滞于肌肉脏腑之间，使体中之温度，不能外达于四肢，故多脉伏足冷之证，伏邪在里，外邪应之，故有当风恶风，甚者更有闻风战栗之异状，斯时也。病既由风气所化，无论为伏邪、为细菌，要皆火郁血分所致，倘仍作风治，投以桂枝汤与麻杏石甘汤，则里病攻表，血病治气，病必转增。惟用四物凉膈散（当归、白芍、生地黄、川芎、栀子、连翘、黄芩、薄荷、淡竹叶、大黄、芒硝、甘草、白蜜）清血解毒，和营泄热，不必治风，而恶风之误解矣。此亦理风先理血，血和风自息之意，故曰恶风非风也。

【附案】同里文某，火郁恶风，卧床不起，历數月矣。当炎夏被绵掩帐，闻摇筐声，即作战栗状，两足冰冷，舌苔厚白，大便秘结，六脉沉伏欲绝。诸医用麻桂姜附，反觉遍身冷汗，余用四物凉膈散，重加硝黄，大下黑粪而解。

又治门人贺兴漠，与前证亦同，酌用桃仁承气汤加紫草二剂，亦下黑物而痊。可见恶风之证，多由火郁血分也。

五、口大渴非热

大渴大饮，病在阳明，舌上干燥者，白虎汤；病在少阴，口燥咽干者，大承气汤，或清或泄，皆所以治热邪也。

然有房劳太过，肾阴被伤者，此真水内涸而渴也，宜六味补水（即六味地黄汤）；又有泄泻既久，脾阳受困者，此津液下夺而渴也，宜理中生津（即理中汤）。

又有肾气虚寒，频饮热汤以自救，若小便既清，外见厥逆恶寒诸症者，当益火以消阴翳，所谓釜底抽薪，津液上潮而渴立止也，宜附桂回阳。

更有阴虚火盛，精液内枯，三焦如焚，二便闭结，多见舌裂唇焦，大渴喜冷。故先以冷水解其标，继以甘温培其本，水药并进，渴亦止矣。

更有真寒假热，阴盛格阳而口大渴者，审其元气，必用甘温，察其喉舌，又忌辛热，惟用甘温大补之剂，或独参一味煎成汤液，用井水浸冷而饮之，以假冷之味，解上焦之假热，以真温之性，复下焦之真阳。此景岳治渴之妙者，皆不得以口大渴为热也。

六、口不渴非寒

仲景太阳篇，以发热恶寒为伤寒，发热口渴为温病。可知寒邪伤表，则发热恶寒，热邪伤里，则发热口渴。后之论者，遂谓伤寒初起口不渴；温病初起口即渴（见杨氏寒温条辨），伤寒温病之区别，以渴与不渴定之。

然温病亦有热邪在里而口不渴者，不可不知也。热在气分，则津液被伤而口渴，若热在血分，则邪既内入，潜伏而不动，故里虽热而口多不渴也。

余尝见温病初起，误服桂枝汤，引邪深入血分，不能由气分而解，故人反恶寒而口不渴也。

又有热甚神昏，其始极渴，其后则不知渴者，此亦热邪深入血分之候也。

更有热邪挟湿，蕴积而为痰饮，停留在中，故里虽热而口不渴者，往往有之，不得以口不渴，概认为伤寒也。

七、口饮沸汤非寒

张子培曰湿热之证，间有大渴喜饮沸汤，不肯饮冷，且畏饮冷，甚至舌为沸汤起疱者，此阳极似阴重证也，法宜白虎承气治之。但此法只宜于风温，若别证喜饮沸汤，多属阳虚，本宜姜附，误投承气必毙矣（以上详见春温三字诀注解）。子培之言，谓温病口渴，本系里热，乃竟喜饮沸渴，以热益热，是反常也，子培不明言其理，而但以阳极似阴断之，乌足解后人之疑窦乎。

夫风温之病，发于当春厥阴风木行令之时，风邪外侵，肺胃被其刺戟，发为热渴咳嗽。风为阳邪，阳邪从阳，化为燥热，饮以沸汤，如火就燥。同气相求，各从其类，此自然之理也。

或因痰阻肺胃，气郁不宣，故喜沸汤之热，以豁痰而行气，此亦理之自然也。

总之，寒在肺胃而饮沸汤者，伤寒常证也；热在肺胃而饮沸汤者，风温之变证也，白虎承气之投，当于脉证详辨之。

【附案】同邑张平安患风温咳嗽，发热口渴，喜饮沸汤，前医屡进姜附，咳愈剧。余察其舌，苔白而燥，然为沸汤起疱者甚多，酌用清燥救肺汤，重加石膏一剂，热咳转增，余以石膏寒降，若骤抑之，必水火相激而然，再用原方增减缓进，五剂后，渴止热退，而咳嗽亦平。

八、口鼻臭烂非热

口鼻臭烂，人共知为热证也。然臭如馊腐，及胃口吞酸者，多主脾不运化，舒驰远谓为阴湿留垢，自与热臭不同，法宜健脾化食。

又有虚寒挟痰血而上，郁结作臭而为肺痿，法宜芪术姜附，补土回阳。

更有虚火上炎而为臭烂者，尤须用附桂引火归原，故曰口鼻臭烂非热也。

九、喉痹喉癣非热

喉痹多属火证，然有六脉微弱，阴盛于下，格阳于上者，宜附桂八味汤（即六味加附桂），或蜜炙附子咽之。

更有虚损喉癣，证属阳虚者，宜理阴煎（当归身、熟地、炮姜、肉桂、炙甘草），以及大补元煎（熟地、人参、淮药、杜仲、当归、山茱萸、枸杞子、炙甘草），多服久服自愈，不得概以二证为热也。

十、小便清长非寒

凡阴证似阳，阳证似阴，各医家最难分辨。吴又可尝以小便清白，为阴证似阳之确据，经曰，诸病水液，澄澈清冷，皆属于寒。唐容川注上为涎唾，下为小便，其道路总在三焦膜膈之中，但据水液有澄澈清冷之状，即三焦大虚之候，故曰皆属于寒。

然有不可尽拘者。余尝临证，本系大热谵语，口渴索冷，及察其小便，反如清水且长者，更有清长而多泡子者，究其原因，有热邪壅滞上焦，不能下行，则小便清利，至用清解之药，使热从膀胱下行，小便方变黄赤者，又有热在血分，小便亦见清长者。

然此证多见于少阴。经曰，少阴之上，热气主之，少阴上为君火，下为肾水，火亢于上，肾中之水阴，不能上济而惟下泄，且火性急迫，亦如邪热不杀谷，逼其水阴直走膀胱，不能化为津液而但为清水，喻嘉言论肾消病，亦谓肾者胃之关，胃热传肾，则关门大开，心之阳火，得以直降于肾，心火灼肾，燥不能濡，故用犀角黄连对治其下降之阳亢，然则君火上亢，不亦为小便清长者乎，至谓尿多泡子，正如釜中之水，水盛则热气上腾而为沸也，是不得以小便清长，尽断为寒也。

十一、小便黄赤非热

小便黄赤，人共知为内热也。余尝临证，察其非热者有五。

有中气不足，不能通调水道者。

有肾水大亏，由于泄利亡阴者。

有寒盛于中，而阳逼于下者。

有妄用渗利，而逼干真汁者。

有元阳不暖，而水无以化者。

审其脉证无火，则虽黄赤而兼涩，便当固本培元，不得以小便黄赤，便断为热也。

十二、吐血下血非热

吐血之证，有外因者，系风火暑燥之侵；有内因者，系忧劳房欲之损；有不内外因者，系坠跌努力烟酒之伤。下血之证，有便血痢血之分（便血宿疾，痢血新邪），有近血远血之别（近血为实，远血为虚）。医者一见血证，多认为血热妄行，岂知血热之外，更有血寒者乎。如脉证俱实，血色鲜紫，多属血热，方书名为阳乘阴，火邪内郁，热追血而妄行也，此宜调气行血，清热破瘀。

若脉证俱虚，血色晦淡，多属血寒，方书名为阴乘阳，譬之天寒地冻，水气凝结而为水也，须用芪术附桂，温中补火，元阳恢复，阴血自平，所谓离照当空，群阴悉屏也，若认为热，失之远矣。

十三、下利脓垢非热

人感泄证而下利脓垢，多主四逆理中（即理中汤加附子）。补土扶阳为正治，至因痢疾里急后重，下利脓垢，未有不认为热邪，而以攻逐为对证之疗法也。然有体气虚寒及久痢不止者，虽有里急后重之证，亦系虚寒使然，当知脓垢一物，乃附肠着脏之脂膏，实为既败之精血，急进温补，犹恐不及，况敢妄用攻逐哉，余见世医往往误治，可为浩叹。

【附案】近里门生傅文翰患痢疾，里急后重，下利脓垢，日夜数百次，腹痛不休，前医专主攻导，脓垢反多。余曰："六脉鼓指而数，重按则虚，此脏寒也，下利脓垢作痛，缘痢久伤阴，膏血切肤，安能不痛。"以大剂参附理阴煎，重加芪术，数剂豁然。

十四、烦躁非热

烦出于心，躁出于肾，古人已分辨之。成无己曰："烦，阳也，躁，阴也，烦为热之轻者，躁为热之甚者，是概以烦躁为热也。"然烦躁之证，有因于热者，有不因于热者，不可不辨也。

如太阳中风脉浮紧，不汗出而烦躁，大青龙汤主之；又如病人不大便，五六日，绕脐烦躁，发作有时，此有躁屎；又如太阳病，火熨其背，令人大汗出，大热入胃躁烦，此因于热者也。

其不因于热者，如下后复发汗，昼日烦躁，夜而安静，不呕不渴，无表证，脉沉微，身无大热者，干姜附子汤主之，此阳虚之烦躁也，故主姜附以回阳。

又如少阴病，吐利手足冷，烦躁欲死者，吴茱萸汤主之，此阴盛之烦躁也，故主吴萸以破阴。

又如发汗若下之，病仍不解，烦躁者，茯苓四逆汤主之，此则汗伤心液，下伤肾液，心肾不交，水火离隔，阳不遇阴而烦，阴不过阳而躁，故用参苓入心以治烦，姜附入肾以治躁也。

他如结胸证具，烦躁者死，少阴病、五六日自利，烦躁不得卧寐者，皆阴阳脱离之候，无关于热之轻重也。所谓烦为热之轻，躁为热之甚，岂通论哉。

十五、飞走非热

飞走之义，即孤阳外越之意。景岳曰，阴遇阳邪，非枯则槁，阳逢阴寇，不走即飞。盖飞者飞于上，走者走于下，飞于上，则为口渴喉疮，走于下，则为便血肛肿，此在痢疾常多。盖以水火相刑，阳为阴逐而火离其位，故飞走若此也，治宜招纳亡阳，方为合法，今人一见此证，佥以为热，何其妄也。又有因于房欲者，尝考薛氏医案，载老人房后发热，身如焚燎，口渴唇裂，解衣狂躁，舌如芒刺，喉如火冲，面如涂朱，足心如烙，喘急痰涌，大便闭结，小便淋沥，六脉洪数而有力，投以阳八味一斤（即附桂地黄汤）调桂末一两冷服，熟睡而诸症悉解。察其因，实缘真水既亏，故龙火升腾而不可制，此亦飞走之意也。若认为实热，而妄投白虎承气，是速其死也。司命者，其可忽，而不察乎。

十六、承气汤可以解表

伤寒头痛恶寒，多系三阳表证，表证未除，逐用承气汤下之，则表邪内陷者多矣。

若温病头痛恶寒，实由火郁于内，阳气不能外达所致，虽有表证，实非表邪，切不可汗，汗则内邪愈炽，惟用承气汤先通其里，里气一通，多从战汗而解，譬之林鸟就缚，必不能飞，苟去其缚，则毛羽翩然而升举，此承气汤之能解表也。（见吴又可《温疫论》）

【附案】余治温病三十余年，每遇口渴便闭发热无汗之证，即用承气汤下之，其因战汗而解者，不胜枚举。后读《医界之铁椎·瞑眩论》，日医和田氏亦云。余治一肠窒扶斯（伤寒），患者经过十余日，腹满下痢脉弦大，体温三十九度强，以承气汤下之，便通一回，即发汗而热解，夫硝黄为下剂，世人皆知之，然反能发汗，是非下剂为汗削之用乎，观日医之言，益信余言之不谬也。

十七、白虎汤可以解表

石膏性寒而降，功专入胃，清热解肌，伤寒发热无汗，如体气虚寒者，误用石膏，表邪必因寒降而内陷。

若温病发热，无论新感伏邪，审系口渴脉洪者，投以白虎重剂（近世张锡纯治温病，石膏必用三四两，或半斤，温邪多从汗解，余用此多年，亦著奇效），便能宣散热邪，息息从毛孔汗透而解（本草亦言其发汗解肌），譬之炎夏，暑气蒸人，猝遇凉飚飒至，则解热除烦，炎威顿减也，此白虎汤之能解表也。（见张锡纯《医学衷中参西录》）

十八、地黄汤可以解表

地黄性质凝滞，用于表证，最有妨碍。

然有阴虚发热，多由肾水干涸，不能作汗，最忌发散伤阴，惟用大剂地黄汤补水济火，自然热退而汗出，譬之干锅赤裂，润自何来，但加以水，则郁蒸沛然，而气化四达，此地黄汤之能解表也。（见张景岳《景岳全书》）

【附案】余治同里刘某，以房事过度，夜间发热无汗，酌用大剂地黄汤二剂，天明汗透而热解，嗣遇阴虚发热之证，屡用此法，或加柴芍，或加知柏，活人多矣。

十九、温中饮可以解表

伤寒散表之法，必先审体气之强弱，而后施之适当。故体气之强者，以攻为散，体气之弱者，以补为散，此中真理，惟仲景辨之最精。时医不察，谓伤寒无补法，肆意改邪，不顾体气之强弱，是以凡患伤寒而死者，多由元气之先败，此则举世之通弊也。故临证者，如遇体气素强，偶感阴寒，而见发热恶寒之表证，但以散剂攻之，而表邪自解。

惟元气大虚，而寒邪内陷，虽有表证，非散剂所能及也，必当详察阴阳，峻补中气，酌用景岳大温中饮（当归、熟地、干姜、白术、肉桂、甘草或加麻柴，气虚加芪，寒加附子，头痛加川芎、白芷，气陷加升麻、柴胡，可与理阴煎合用）建中逐邪，务令元气既强，则寒邪因内托而散，譬之强寇登堂，但强其主，则抵抗力强，贼将不战而自退，此温中饮之能解表也。（见张景岳《景岳全书》）

二十、大黄可以安胎

杨栗山曰，妊妇伤寒温病，六经治例背同，但以保胎为主，伤寒外感风寒，宜汗宜解宜和，不过麻黄、桂枝、葛根、小柴胡等汤合四物汤治之自愈。若温病内蕴邪热，不可发汗，急用护胎之法（用井底泥涂脐下关元穴，干则易之或青黛、伏龙肝共为末，水调涂之），如热甚燥急，胎动不安，必须下之，慎勿惑于参术安胎之说也。

余谓邪气与胎，势不两立。邪气盛，则火毒内逼，胎自无容身之地，势必随之而堕矣，惟用承气汤逐去其邪，则炎热顿化为清凉，邪既退而胎自固。反见大黄为安胎之圣药也，余屡见世医治妊妇温病，兢兢注意保胎，或以阿胶，或以黄芩白术，下咽之后而胎即堕者，此何故哉，盖因邪火内郁，反进滋补以助其焰，何异火上浇油，则所进之阿胶白术，不但不能保胎，反助邪火以促其胎之速堕也，惟用承气汤急去其邪，邪去而胎存，譬之寇贼既退，人民安堵矣，所谓邪气与胎，势不两立者也。

或疑大黄伤损胎气，不敢轻用，不知大黄但攻肠胃之秽毒，胎附于脊，实在肠胃之外，用之得当，全无妨碍，但虚弱者，不可以常法正治，当从其损而调之，惟芒硝有化阴之说，孕妇不可轻用，然大便燥实，又不可去也。

【附案】长媳张氏，妊娠病温，发热燥急，嘱家人用靛花二两，千脚泥四两，作两饼轮敷脐下关元，随用解毒承气汤泄之，子母无恙，时族叔辽儒长媳胥氏，亦妊娠病温，以余外出，延某医治之，乃以芩术驴胶，为安胎之主药，下咽片晌，胎即堕矣，某医曰："余已注意保胎，何胎反堕也？"噫！见解不明，贻祸匪浅，伊谁之咎乎。

二十一、胆草可以解痹

经痹论曰，风寒湿三气杂至，合而为痹，风胜为行痹，寒胜为痛痹，湿胜为着痹，治行痹者，散风为主，防风汤（防风、葛根、羌活、秦艽、桂枝、当归身、杏仁、黄芩、赤苓、生姜、甘草，酒煎）。治痛痹者，温寒为主，加减五积散（当归、茯苓、法半夏、陈皮、麻黄、白芷、川芎、干姜、桔梗、赤芍、苍术、厚朴、甘草）。治着痹者，利湿为主，川芎赤芍汤（川芎、赤苓、桑白皮、防风、麻黄、赤芍、当归身、陈皮、大枣、艾叶或加莪术）。另有痛痹一证，痛无定所，偏历骨节，后名为历节风者，此亦因三气郁于血分，久则化热攻痛，至夜更剧，方书多以辛温疏散为主，东垣以为血虚，主用川芎、当归，佐以桃仁、红花、薄桂、威灵仙或赶痛散（归身、香附、桃仁、红花、地龙、五灵脂、牛膝、羌活、乳香、没药、甘草）。丹溪以为血热，治以加味四物汤（四物汤，加黄芩、白芷，在上加羌活、桂枝、威灵仙、桔梗，在下加牛膝、防已、黄柏、木通）。石顽以为湿热挟痰挟血入络作痛，湿滞日久，必加附子散结，热结肠胃，必加硝黄润燥，各家之说，均可采用。

余谓四肢走痛，多系风热壅滞于经络，舒驰远所谓着痹行痹，皆由火旺阴亏，邪结经隧是也，辛温之品，促热动风，恐难进用。余治痹痛，察其脉证，果系风热相搏，即去辛温为辛凉，甚则进以苦寒，证之轻者，养血清热，息风活络，如生地、白芍、白薇、紫草、金银花、红花、桑枝、泽兰、桑寄生、穿山甲（注：现多用替代品）之类：重者必用龙胆泻肝汤（栀子、柴胡、生地、黄芩、黄连、泽泻、龙胆草、车前、木通、当归、甘草，加红花五分，在手加桑枝，在足加桑根，各二两，或加丝瓜络一两），以胆草泄热搜风，而痛可立止，外用蜇皮四五两，冷水浸洗贴痛处，屡试屡效。世医狃于方书辛温疏散之说，而畏用苦寒，误者多矣，故特表而出之。

【附案】余治省城李季桐、文企山、吴蔼南等，手足痛痹，初用凉血化瘀息风清热之剂，痛不解，即以龙胆泻肝汤，重加桑枝桑根各数两，取汁煎药，外敷海蜇皮，或用西药黄陵土，冷水调敷纱布上贴之，均获痊愈。又治蔡义樵妻吴氏，患痛痹，将成瘫，蔡知医，治以辛温愈剧，余亦重用清凉，旬日而解。

二十二、熟地可以止泄

熟地止泄，为医家所訾，盖忌其滞腻，畏其滑湿故也。然遇阴虚作泄，用之屡奏奇功，周岩著《本草思辨录》，载熟地甘温，大补肾中元气，凡下焦虚损，大便滑泄，他药不效者，单服熟地，可以止泄，但须日用四五两浓煎服之，并不作闷，若少用之，反能致闷，且无效也。近世张锡纯用治阴虚感温，亦极赞其神效，并谓温热传里之后，下虚太甚，外邪直趋下焦作泄，非熟地不能奏功，则熟地之能治肾泄，与白术之能治脾泄，作用虽殊，功效则一也，余因世医忌用，故特表而出之。

二十三、附子可以疗狂

狂证有虚有实，证之实者，宜凉宜泄，白虎承气，可以消息治之，若阴极发躁，面赤唇焦，举动失常，欲坐卧于泥水中者，察其脉，必大而无力，景岳所谓戴阳虚狂也，非取辛热之附子，不能追还散失之元阳，陶节庵主用回阳返本汤（附子、干姜、人参、麦冬、陈皮、五味子、茶叶、葱七根、川连少许、泥浆水煎）。实得力于附子，医者当于脉证之虚实详辨之。

二十四、脉绝反宜下

伤寒论曰，少阴病，下利脉微者，与白通汤（葱白、干姜、附子），厥逆无脉者，白通加猪胆汁汤（白通汤，加猪胆汁一合，人尿五合），又曰，利止脉不出，通脉四逆汤主之（附子一枚，干姜三钱，甘草三钱）。张令韶谓脉始于少阴肾，主于少阴心，生于阳明胃，下利脉微者，肾脏之生阳不升也，故与白通汤以启下陷之阳，厥逆无脉者，白通汤加人尿胆汁汤，猪胆味苦入心，人尿味咸走肾，苦咸合为一家。肾得心君之助，则生阳之气升矣，利止脉不出者，谷气内虚，脉无所禀而生，故用姜附温肾，加甘草扶胃以生脉。观上三方，一治脉微，一治无脉，一治脉不出，无非欲温暖肾阳，提振心阳，扶持胃阳，使生气得达于脉管而后已也。

然有温病脉绝，为内热亢闭，迥非阴脉可比，盖热伏少阴，君火亢于上，胃热积于中，肾脏之水阴，亦被焚灼而将涸于下，则所谓脉始于肾，主于心，生于胃，各经之生气，皆以火郁气阻，不能外达于脉管，故脉多沉伏，甚至闭绝，此脉厥也，惟用承气汤下之，里气一通，脉当复出，多有生者，林义桐所谓火逼脉伏，火散脉起而病愈者是也，然非胆识兼优，不能见到耳。

二十五、体厥反宜下

厥冷甚于逆冷，伤寒邪传少阴，里证已深，虽未至厥，而手足不温，是四逆也，若至厥阴，则手足厥冷矣。凡厥者，阴阳不相顺接也，不相顺接者，是言阴阳之气不交。厥自厥而热自热，不能合同而化也，故有阴厥阳厥之分。其表里皆寒而为阴厥者，症见四肢冰冷，爪甲脊黑，腹痛拘急，下利除中，呕吐酸苦，冷厥关元，脐下一寸。舒驰远治以黄芪、白术、砂仁、半夏、干姜、附子、吴茱萸、椒目，急驱其阴，以回其阳。陶节庵则以回阳救急汤（人参、白术、茯苓、法半夏、陈皮、附片、干姜、五味子、肉桂，小腹痛加盐炒吴茱萸，无脉加胆汁，或原寸三分兼灸关元、气海），为三阴寒厥之主方。

若夫里热表寒而为阳厥，伤寒温病皆有之，亦属内热亢闭，盖热伏少阴，火郁气阻，体中之热毒，不能由里而达表，故四肢多见厥冷，甚至遍身水冷，此体厥也，轻则增损双解散（僵蚕、蝉蜕、薄荷、荆芥、防风、黄芩、黄连、栀子、连翘、石膏、大黄、当归身、白芍、姜黄、滑石、桔梗、甘草、白蜜，黄酒兑服），重则解毒承气汤（黄芩、黄连、黄柏、栀子、大黄、枳实、厚朴、元明粉），斟酌下之，但此证九死一生。若数下后厥不回者必死，亦有下数十次厥方回而得生者，须知因下而得生者有之，不下而得生者未之有也。

【附案】邻人陈复朝妻闵氏患温病，热盛神昏暴哑，体厥脉绝，舌白下利，拟进解毒承气汤，旁有医者怪而问之曰："厥冷脉绝，舌白下利，得毋四逆理中证乎？"余曰："伤寒厥冷，舌苔必薄白而滑，今舌苔厚白而燥，伏邪在里无疑，其下利者，亦协热旁流之类也。"迳用前方下一次，厥回而脉亦出，嗣因停止泻药，体复厥，乃连进承气汤九日，下尽黑物，诸症始平。

二十六、舌白反宜下

张诞先曰，伤寒邪在皮毛，初则舌有白沫，次则舌白涎白滑，再次白屑白泡，有舌尖舌中舌根之不同，是寒邪入经之微甚也。故在太阳，则头痛身热项强腰痛，传至阳明，则有白屑满舌，虽证有烦躁，如脉浮紧者，犹当汗之，在少阳、则苔白而滑，用小柴胡汤和之，胃虚者，理中汤（人参、白术、干姜、甘草）温之。

若系温病，舌苔白而薄者，法宜疏散，薄白而干者，是肺津已伤，法宜清润，厚白而燥者，是邪已入腑，法宜攻下，承气汤利之。

余治温病，察其脉实便闭，舌苔厚白而燥，便当议下，更有舌苔白如积粉，白如砂皮，皆由白苔之时，津液干燥，邪虽在胃，不能变黄，此宜急下，不得以伤寒舌白误之也。

二十七、下利反宜下

伤寒下利，太阳与阳明合病，主以葛根汤（葛根四钱、麻黄三钱、桂枝二钱、白芍二钱、甘草二钱、生姜三钱、大枣三枚），不离发表之法。太阳与少阳合病，主以黄芩汤（黄芩三钱、白芍二钱、甘草二钱、大枣三钱），不离清里之法。三阴下利，主以附子理中汤（台参、白术、炮姜、甘草、附子），不离温中之法。

然有下利反宜攻下者，其证有二，伤寒温病皆有之。一名协热下利，病人平日或泄，热邪乘胃，便作烦渴，午后潮热泄作，子后热退泄减，以增损大柴胡汤（僵蚕、蝉蜕、薄荷、柴胡、白芍、陈皮、姜黄、黄芩、黄连、黄柏、栀子、大黄、枳实、白蜜，黄酒兑服），撤其余邪而利自止。

一名热结旁流，由胃实热闭，续得下利清水无粪，日三五度，或十余度，加味六一顺气汤下之（黄芩、白芍、红柴胡、大黄、元明粉、枳实、厚朴、铁锈、甘草，加入黄连、僵蚕、蝉蜕、白蜜，黄酒兑下），得结粪而利自止。如下后仍水无粪及所进汤药，此因大肠邪深，药力未到之故，再以前药重下之，虚甚酌加人参、山药、当归、熟地之类，盖血不亡，气亦不散耳，此即所谓治泄还加泄之意，不得以发表清里温中诸法误之也。

二十八、完谷反宜下

人第知完谷为火化不及，亦知完谷为火化太过者乎。景岳曰："真火衰微，暴寒直中。"河关曰："火性急速，迫谷下行。"由前之说，即经所谓诸病水液，澄澈清冷，皆属于寒是也。由后之说，亦经所谓诸呕吐酸，暴注下迫，皆属于热是也。

然因于寒者，必六脉虚弱，舌润溲清，泻不腥臭，酌用附子理中汤（方见下利反宜下），六味回阳饮治之（熟地、当归、干姜、肉桂、人参、附子）。

因于热者，脉或洪或伏，苔垢溲赤，泻必腐秽，甚则烙肛，酌用桂苓甘露饮（茯苓、猪苓、泽泻、白术、官桂、甘草、滑石、寒水石），合葛根黄连汤（干葛、黄连、黄芩）治之。

若温病误服温补过多，引邪深入血分，遂用承气汤攻之，则血分之伏邪，未能清泄以去，而肠胃中未及消化之水谷，反被大黄逼迫而下，医者一见完谷，便生疑畏，不敢议下，误人多矣。故必先清血分之伏邪，而仍用承气汤荡涤肠胃之秽毒，不得以完谷误之也。

【附案】同邑河塘马口渡许宗海患越经证，睡中自语，六脉沉伏，前医屡进附桂，迁延数月不愈，余用承气汤攻之，竟下完谷，翌晨目赤、谵语、头汗。病家目见完谷，认为虚寒，转怪余药之误，欲仍用前医。余曰，热伏少阴，屡进温补，邪入血分，愈引愈深，今用承气直攻，则郁阳暴升，而为目赤谵语头汗，其深入血分之伏邪，药力尚未达到，而肠胃中新进之粥食，反被大黄逼迫而下，未及消化，此完谷所由来也。若再用前医，则是证必以温补而殒命，而余反以攻下而被冤，生死关头，不可不辨，遂独任其责，先清血分之伏邪，嗣用承气汤再攻之，竟下黑粪斗许，连下七八日，粪始转黑为黄，而病已痊愈，可见黑粪之为血毒，实误于附桂，附此以为完谷宜下之证据。

二十九、筋惕肉瞤反宜下

筋惕然而跳，肉瞤然而动，名曰筋惕肉瞤，此证本由发汗过多，津液枯少，阳气大虚，筋肉失所养，故使然也。如脉弱汗出恶风之太阳病，服大青龙汤，则厥逆筋惕肉瞤，而太阳发汗不解，头眩身瞬动欲擗地者，真武汤（茯苓、白芍、生姜、白术、附子）主之。唐容川谓人经冷冻，往往战栗，即瞤惕之微者也，必得火烘乃解，故此证必用姜附温之。

若温病瞤惕，系阳明火毒陷入厥阴，邪入血分，筋肉被其燔灼，故瞤惕也，治宜加一味六一顺气汤（方见“下利反宜下”），解毒承气汤攻之（方见“体厥反宜下”），若系虚证，当入四损之条。（详见《伤寒温疫条辨》）

三十、心悸反宜下

心下筑筑然动，惕惕然不能自安者，名曰心悸，伤寒心悸。有气虚停饮两端，气虚由阳气内弱，心下空虚，正气内动而悸也，轻者小建中汤（桂枝、白芍、生姜、大枣、甘草，饴糖化服），重者大建中汤（十全汤，加附子、半夏、麦冬）。停饮由水停心下，心属火而恶水，水即内停，心不自安而悸也，茯苓甘草汤（茯苓、桂枝、生姜、甘草），或五苓散（白术、茯苓、猪苓、泽泻、肉桂）分利之。

若温病心悸，郁热内盛，火性上冲，故心气不宁而悸也，酌用三黄石膏汤，或加味凉膈散（以上二方，均见“蛔厥反宜下”）夺其上逆之火邪，而悸自平矣。

【附案】同邑谭鸿儒温病心悸，前医屡进远志、酸枣仁不解，余曰，温病心悸，火邪直犯中宫也，酌用加味凉膈散下之，并用白糖化地龙十数条，井水调匀澄清，入茶壶内，频频饮之，不终剂而悸自止矣。

三十一、蛔厥反宜下

伤寒蛔厥，本系藏寒，蛔上入膈，口干心烦，手足冷，脉沉迟，宜乌梅丸（乌梅四枚，附子、桂枝、干姜、川椒、细辛、人参、黄柏各一钱，当归、黄连一钱五分，蜜丸）寒熟互用，酸苦杂投；气冲心痛，饥不欲食吐蛔者，宜理中安蛔丸（人参、白术、茯苓、干姜、川椒、乌梅），用苦辛酸以伏虫也。

若温病蛔厥，迥异脏寒，热邪上攻，胃火如沸，下气不通，必反于上，虫因呕出，此常事也，酌用三黄石膏汤（黄芩、黄连、黄柏、栀子、石膏、麻黄、豆豉），加味凉膈散（栀子、连翘、淡竹叶、黄芩、薄荷、大黄、朴硝、甘草，外加姜黄、黄连、僵蚕、蝉蜕，蜜酒冷服）或加川楝、使君子、乌梅之类，清之下之，多有愈者。

三十二、缩阴反宜下

缩阴一证，方书皆以为肝肾阴寒所致，盖寒主收缩故也，故有用艾火灸者（艾绒数丸、隔姜片灸脐下三寸），有用灯火粹者（灯火向脐下三指宽四燋），有用热药温透脐中者（硫黄、胡椒末，开水调敷脐上，外用棉盖住，再用茶壶注滚水坐棉上，气透，阳物自出），方用回阳救急汤（见“体厥反宜下”），或大剂白术汤（白术三两、附子一两，人参、干姜各五钱，安桂六钱）大利腰肾之气。盖三阴重证，非此多不能救也。

然亦有阳证缩阴，宜从下解者，程钟龄已言之矣。余尝临证，审系口渴便闭，即用解承气汤，大下而解，此亦厥阴内热囊缩，宜从下解之意，不得概认缩阴为寒，转生疑畏，不敢议下也。

【附案】邻舍陈松盛小儿，口渴便闭，阳物内缩，以承气汤下之，阳物即出。又陈节凡患缩阳，诸医以为房后感，方主温肾不效，余诊其脉洪数有力，里热便闭，以邪郁血分，血不营筋，故阳缩也，酌用逍遥散加大黄利之，一剂遍身发疹，阳物即出而安。

三十三、脉浮非表

伤寒脉浮，本主表证，然亦有主里者。如中气亏损者，脉必浮大；阴血受伤者，脉必浮大；火盛水衰者，脉必浮大；关阴格阳者，脉必浮大，是不得概以浮大为表也。

张景岳曰，浮而有力有神者，为阳有余，浮而无力空豁者，为阴不足，若以此等为表证，则害莫大焉。

三十四、脉沉非里

伤寒脉沉，本主里证，然亦有主表者，如寒束皮毛，阳气为阴邪所蔽，脉多不能外达，多见沉紧而数，是不得概以沉脉为里也。

三十五、脉迟非寒

伤寒脉迟，本主阴寒，然亦有主热者，凡温病热郁于内，尚未外达，多见脉迟，又有六阴之脉，虽有里热，而脉不甚见数者，又有病后余热未消，脉多迟滑，如阳明脉迟不恶寒，身濈濈汗出，大承气汤下之，是不得概以脉迟为寒也。

程应旄曰，迟脉亦有邪聚热结，腹满胃实，阻住经隧而成者，又不可不知。今验有癥瘕瘴气，壅遏隧道，而见迟脉者，是杂病亦不可以迟概断为寒也。

日医求真氏曰，仲师虽云脉迟汗出之证，亦有用大承气汤为峻下剂者，是迟脉为阳证，可得而知矣，余尝实验现今阳实证，概属迟脉，无不为下剂之适应证也。

三十六、脉数非热

伤寒脉数，本主实热，然亦有虚寒者，凡内有实火，脉多不数，而惟洪滑有力，至于数而无火者，约有数条。如外感风邪，内伤元气，以及痢疾、疟疾、痘疹、瘟疡、癥瘕、胎妊，多主数脉，皆不得专指为热也，盖邪盛脉数，正虚脉亦数也，余尝见虚损脉数，喻为水浅鱼急，多主不治，盖虚损之脉，无论浮沉大小，渐缓则渐有生意，渐数则渐入死门，若弦细而再加紧数，则真元已尽，百无一生矣，是不得概以数脉为热也。

张景岳曰，滑数洪数者多热，涩数细数者多寒，暴数者多外邪，久数者多虚损。

萧万兴曰，数本属热，而真阴亏损之证，亦必急数也。

三十七、弦强非实

微弱为虚，弦强为实，尽人皆知，然寒证而见弦强，治以甘温则愈，若胃气已尽，脉反弦强，按之必无根，自与实火有异，此为真脏已见，法在不治，是不得以弦强为实也。

三十八、微弱非虚

微弱之脉，人尽知其为虚也，然有禀赋如是，虽受外邪，而脉不甚变者，宜兼以外证辨之，又有本系热证，因下之不得法，邪未尽而正气已虚，亦见此种脉象，此尤不可不察也。余尝治疫，每见热伏少阴，脉反微弱无力，且如欲绝之象，此系内热亢闭，气不达于脉管也，宜舍脉从证，斟酌下之，是不得概以微弱为虚也。

吴汉仙回忆录

民间流传的“汉爹”故事

“一方水土养一方人”，岳阳县自古人杰地灵，是湖湘文化的重要发源地。岳阳县境内有商周遗址、鹿角古窑、凌云塔等名胜古迹；有爱国诗人屈原、明代尚书方钝的足迹；是古文大家吴敏树、“黄埔三杰”之一贺衷寒、革命先驱刘士奇、全国政协原副主席毛致用故里；培育出人民英雄张超、“载人深潜英雄”付文韬、亚运会皮划艇冠军胡明海等大批当代英杰。也是在这方热土上，诞生了名扬中外的名老中医、捍卫中医生存权的先行者、中医教育践行者——吴汉仙老先生。

2022 年 9 月 30 日、2024 年 5 月 1 日、2024 年 8 月 27 日，本书编委会成员在时任岳阳市中医医院党委书记方奎明同志的带领下，先后三次走访吴老祖籍地——今岳阳县荣家湾镇荣鹿新村，与吴老嫡亲吴高陵、后人吴文锋、第三代传承弟子名老中医王三淼等进行深入交流。“人过留名，雁过留声。”吴老身上的故事经口口相传，流传至今。

吴汉仙（1876—1948 年），字捷三，号柈湖医叟，湖南省岳阳县鹿角镇人。“爹”，本义是父亲，又义“对老人或长者的尊称”。湘语方言中，尤其是岳阳县一带，将长者尊称为“爹”。作为一代儒医，吴汉仙老先生的故里人都尊称其为“汉爹”，可见其地位。汉爹的嫡亲吴高陵、后人吴文锋相继谈道祖辈传下来的汉爹故事。据口述，汉爹一脉为明代洪武三年从江西南昌府铁树观筲箕坡迁移到湖南岳阳市岳阳县荣家湾定居的吴伏一的后裔。汉爹的祖籍地为今岳阳县荣家湾镇荣鹿新村陈吴屋。汉爹生于清光绪二年（1876 年），卒于民国三十七年（1948 年），生卒年跨越了清后期和几乎整个“中华民国”时期。这些都可从《“巴陵星空的耀眼星辰”——延陵堂湖南吴伕一家谱》中一一考证。

同时，从汉爹第三代传承弟子—— 1941 年出生的原岳阳县人民医院中医科主任、岳阳市名老中医王三淼医师口述中了解到，汉爹育有吴亦仙、吴亚仙、吴铎仙、吴幼仙 4 个儿子和 1 个女儿吴某，其女婿叫刘中阜，1940 年出生，在岳阳县工作过近十年，退休于岳阳县月田镇医务所。汉爹的第三代传人中，其嫡亲甥女婿汤浜也是医师，生前工作于荣家湾镇岳武村，其徒孙即陈焕新（华容县人，退休前在岳阳县麻塘镇行医）的徒弟陈铭新医师健在，现居住于汉爹的祖籍地荣家湾镇荣鹿新村。汉爹是军医，后在长沙行医、办校，并发了家。其大儿子吴亦仙在长沙行医，四儿子吴幼仙曾留学日本。其著作有《中西医学四系全书》《医界之警铎》等。相传《医界之警铎》成稿时，正值其第三个儿子出生，故取名“吴铎成”，即吴铎仙。汉爹流传至第三代传人中的原著（或书本）暂得知的是仅有汉爹所著述的《增补药性赋》。

“大医精诚，医者仁心。”医者德为先。汉爹医德与口碑非常好。最让人感触的是其众生平等的胸怀。中国使用轿子的历史非常悠久，距今已有几千年。轿子是陆路最花哨、最富风情的一种交通工具。而在民国时期，汉爹就是可使用与之身份相符的轿子的人。相传，有一次，汉爹坐轿出诊，至病患家里出诊后，主人十分热情，在家中的一间餐厅以丰盛的宴席招待汉爹。汉爹落座后，迟迟不见抬轿的轿夫上桌用餐，一问方得知，主人的宴席只安排了汉爹本人，轿夫被视为下等人员并未安排。汉爹顿时大发雷霆，直至病患家的主人把轿夫请上来与其共用餐才正式上桌。足见在那个年代汉爹就有众生平等、一视同仁的胸怀。这样的口传细节颇多，相传汉爹出诊时，对家庭经济困难的患者，尽量少收取诊费或不收取诊费，并竭力将相关药品赠予患者。

汉爹本来是要当（华容县）县长的，当时他就跑回来将信息告诉他娘，他说："娘啊，我好威风，可以当县长了。"他娘就问他："县长是什么官呀，有多大的权力？"他回答："好大的权力，大到可以杀人。"他娘就告诉他："不能杀人。只能从医治病救人。"于是，汉爹遵照母命改志从医，跟随其祖父南塘公学医，后在鹿角乡当地行医并崭露头角。编委会在听到这个讲述后，查阅了汉爹的生平纪事，实际上是汉爹担任国民革命军第八军第三师上校军医处长时，时任第八军将领吴棣庭患肺结核 20 余载未能痊愈，经汉爹切脉施药，短期病愈。吴棣庭念其治病之功，荐其为县长，他以高堂亲老为由婉拒，力辞不就。

医师的成长是一个循序渐进的长期过程。尤其是中医医师，成长所花费的时间比西医师更长。汉爹自小读书就非常刻苦。相传，有一年，他从长沙回老家过年，晚上点蜡烛看书，当时天气寒冷，他就把谷子炒热取暖。母亲送来的晚餐是糯米粽子和一碗砂糖。第二天早上，家人见到他满脸都是黑的，原来是汉爹专心读书而忘却了周边的一切，蜡烛燃烧时所产生的烟把他的脸熏黑了，专注时把砚台里的墨汁当成了砂糖，粽子一蘸就全吃进了嘴，而自己却全然不觉。

《中庸》有云："唯天下至诚，为能尽其性；能尽其性，则能尽人之性；能尽人之性，则能尽物之性；能尽物之性，则可以赞天地之化育。"薪火相传生生不息，悬壶济世源远流长。汉爹一生力挽狂澜护国医，白手起家建医校，排除万难办教育，潜心钻研著书立说，纵时局动荡，依然坚定不移地传承和发展中医药事业，为捍卫中医药奋斗了一生。他的事迹流传至今，仍深深影响着当地百姓，更是为历代中医药人所铭记。

杏林名宿吴汉仙

陶敏仲　黄去非　刘忠福

吴汉仙，字捷三，号柈湖医叟，系湖南省岳阳县鹿角镇华群村（今岳阳县荣家湾镇荣鹿新村）人，生于1876年12月，殁于1948年7月，享年72岁。先生太祖南屏（吴敏树）公以工文词而闻名海内，为曾国藩窗友。先生行年2岁，父巽卿公见背，家境贫寒，赖母刘太夫人矢志抚孤，仰半亩田粮，兼纺织为生。先生少年聪颖，7岁入学，17岁补博士弟子员，古文诗词，无所不工，时人甚异之，以先生及第无疑。后科举废，先生转而从祖父南塘公学医，深得家传。其日常行医非常重视医案整理，故其悬壶长沙，效如桴鼓，一时医名大噪，终成江南一大名医。

妙手回春露头角。1928年，国民革命军第八军第三师师长阎仲儒以方脉识拔，任先生为该部上校军医处处长。当时第八军军长吴棣庭患肺结核、历时20余载无能为治，经先生治愈后，举先生县长职，先生以老母无人照料为辞，不就。时任湖南省政府主席何键之子，患奇病，多方求医无功，后请先生试治，立起见效。何捐资为先生开设医院，并亲笔题“一家医院”匾悬于院门，院址在府正街新安巷1号。时任国民政府岳阳县县长黎自格之母，患中风偏瘫，卧榻不起，四方求医，无一能治。闻先生之名，派员礼请，经先生医治，得以康复，酬银圆百计。先生将此款助学，深得人民爱戴。鹿角镇下街头张滨湖之母病危，延医数十人，均无人能治，病人日趋膏肓，气息奄奄。闻先生自省归，即备轿请至。先生切脉后，遍览前方，知其中肖子元一方是对症良方，可惜剂量不够，故效甚微。先生酌加份量，一剂得功，继服而愈，群医无不折服，肖子元更是以师事之。步仙桥之罗内，有一余姓巨富之幼子，病月余，遍请名医无效，均莫能治，日渐垂危。先生当时初露头角，被延至病家，一时群医汇集，自认："此病吾等莫治，吴氏岂能治乎？"一致冷眼旁观先生施治。先生切脉问症，审视良久，见其下痢不止，厥逆无脉，干呕烦躁，立嘱病家速备鲜猪胆一个，悬吊于井中（天热防腐变），再取生姜一两、葱白四茎、生附子一枚（去皮碎八片）、水三升，煮取一升，滤渣，备童便五合，然后将猪胆取出，用汁一合，合煎汁分次温服。脉象微续，渐见转机。续经先生调治痢止，数日病愈，所费无几。群医五体投地，敬服先生。病家万分感激，一致称先生为"活神仙"。

奋斗不止救国医。1914年，汪大燮任教育总长时提出废止中医的主张。蔡孑民（蔡元培）不主张将中医列入大学学系。先生条陈利害，在湖南国医界掀起了反对取消中医的运动。1929年，国民政府第一届中央卫生委员会通过了余云岫提出的《废止旧医以扫除医事卫生之障碍案》的决议，提出废止中医六项具体办法，其中三条大意为一不准中医办医院；二不准中医私人带学徒；三不准办中医学校，以达到取消中医之目的。当时上海中医界首次由"医界春秋社"张赞臣发起，组织"全国医药团体联合会"通电全国进行反对。湖南国医界积极响应。先生撰《驳中央卫生部废止国医决议案通启》，大力声援。1930年，国民政府教育部通令全国，中医学校一律改为讲习所，禁止中医学校招生。先生撰《欲救我国医药之危亡急宜采用科学方法而谋根本上革新之建设》一文进行抗争。1931年，谭延闿、焦易堂等创立"中央国医馆"，规定全国各省建分馆，各县设支馆，均可附设学校和医院。余云岫等目睹废止中医议案失败，乃改变手法，创立《社会医报》，著《余氏医述》，直欲将中医学彻底摧毁，妄谓："海内旧医莫敢与之作旗鼓相当论战者。"先生毅仿《医界之铁椎》著《医界之警铎》，据理驳斥。刊行以后，风行海内外，医名因之大振。1932年，国民政府教育、卫生两部，复以民国十九年（1930年）将国医学校改称为学社旧案通令全国，先生旋撰《教、卫部焚坑国医国药痛史录》一文通电全国，教、卫两部终于被迫将其令撤销。1933年，先生与长沙医界名流余华龛、刘岳仑、王纾青等筹备湖南国医药建设委员会，创办湖南国医院，共谋中医事业之发展。1934年湖南西医界假卫生行政之权，呈请政府拟定卫生工作十年计划，首先撤去省城各校中医，又规定各校学生每年纳费一元，逐渐推及各县、乡，一律改用西医西药，复议行“医药省有制”，不准私人借医药营业。先生与湖南中医界赴民政厅请愿，提出反对，同时创办《长沙卫生报》，作舆论宣传。1935年，先生撰《呈请中央执委会讨论汪院长（精卫）阻碍〈国医条例〉文》，因《国医条例》已于1933年经国民政府立法院通过，但讫未公布实行，实汪精卫暗中阻挠。此文揭露汪氏阴谋后，次年春《中医条例》才明文公布。1937年，先生撰《发起召集全国医药界请愿三中全会》一文，并通电全国，倡议进京请愿。湖南医界一致推举先生为湖南请愿团团长，先生受湖南医界之委托，抱义愤之激情，带高足谭日强（原湖南中医学院院长）携同请愿团代表30余人去南京。到达南京后，住洪武路湘宁大旅社，随即向全国各省、市发出快邮代电30多份。嗣后各省、市代表纷纷来到南京，一致推举先生为总代表。当时国民党中央正召开三中全会，代表团向全会请愿，得贺衷寒等5名中央委员的鼎力相助，先生得以晋谒蒋介石。经与国民政府据理力争，终于获得胜利。由蒋介石下令，撤销教、卫两部决议，并议决通过代表团提出的议案：一政府对中医实行中西平等待遇，公布《国医条例》并付诸实施；二政府将中医招收学生列入教育学制，卫生机关应添设中医；三准许设立中医学校。所请各条，一一通过，交由国民党中央政治委员会确议办法执行。各省代表团均向先生祝贺。当先生胜利回湘时，长沙车站欢迎的人群如山似海，爆竹震天，同时全国各地的贺信雪片似的飞向长沙。但事后，因抗日战争波及全国，《国医条例》终未能实行，中医处于停滞不前的状态。至 1946 年，先生虽已 70 岁高龄，仍撰《请中央国医馆转呈国府准许中医参加卫生政权》文，同时积极参与湖南医药界向国民代表大会请愿运动。1947 年，先生之四子幼仙，秉承先生意愿，再度上京请愿，向国民政府提出改进中医工作意见：一国民政府行政院应设立中医药管理委员会机构；二中西医平均分任中央及地方之卫生行政职务；三由国家设立中医学校、中医院、中药制药厂等。先生与哲嗣均被推选为湖南省中医药界请愿代表，奔走于京沪之间，为捍卫和发展中医药学，筹办国医院，培养人才，竭心尽力。

兴学办校倾私囊。先生不仅精研医学，更精诚竭力创办教育，常悯族中子弟失学之苦，以自家所有薄田，除家人各分八斗外，尽数捐作小学常年经费。居省期间，为继承发扬中医学遗产，创办国医馆及国医专科学校。先生将行医所得，捐于医学教育，并求助于政界、军界、社会名流，深得何键、吴棣庭、郑守谦、曾觉叟、易南坡、余华龛、刘岳仑、王纾青等人的大力支持，终于办起了国医专科学校，前后招收培训学生 500 多人，学生遍及九省，为继承和发展中医药学培养了大批人才。这批学生健在者，大部分已成为专家教授。先生办学数载，从未领用分文薪金。

救死扶伤广流传。先生行医 40 余年，以救死扶伤为本旨，从不以医谋财，梓里无不敬仰。对贫苦乡亲有病求医者，无论酷暑严寒，不分白天黑夜，总是随请随至，有求必应。特别是对无钱求医者，不但精心诊治，有时还施以药物。如吴汤氏患惊厥，生命垂危，先生将随带之紫金锭施舍；因需赤金磨水为引，汤氏家贫无此物，先生动员夫人胥氏将金戒指磨水为赠，使汤氏得救。又如吴寿福患重病，派人请先生，适先生在家为母办理丧事，听病家诉说后，立即前往诊治。人们劝先生勿轻离服堂，以免贻人不孝话柄。先生诚恳地说："吾母训示，'医者以救人为重任'，离服堂救人，亦孝母也。"先生为人治病常能妙手回春，但收酬甚微，于梓里贫苦乡亲，即使是一把青菜，几个红苗，亦无不笑纳。1938 年，岳阳沦陷，先生自省城返乡，目睹大好河山破碎，写下了壮烈诗篇，其中一首云："茫茫大陆几沧桑，满目疮痍倍感伤；我欲活人谁活国，一声医铎叩穹苍。"当时与先生来往者观诗后无不潸然泪下。驻扎在鹿角郝寿桥的国民党第一九五师黄营长，更是义愤填膺，向先生表示："宁作沙场鬼，不为亡国奴。誓将三尺剑，斩向贼人头。"后该营在抗日战场上屡建奇功。先生身边的五名爱徒，有两名投笔从戎，一名考入黄埔，一名进入兵工厂，以酬先生之志。

誉满中外美名扬。先生除医术高明，热衷教育外，一生著述颇丰。撰有《中西医学四系全书》《雪鸿医案五种》《医界之警铎》《吴汉仙医案》等，流传中外，深得同仁之赞誉。先生聘职颇多，在省城长沙被聘为公安局医师登记审核委员，"医药月刊社"编辑部部长，湖南国医药建设委员会委员，国民革命军第八军上校军医处处长，湖南国医分馆医务股股长，湖南国医专科学校副校长、校长，"长沙卫生报社"社长。在外省的聘职有山西太原中医改进研究会名誉理事；河北、天津国医公会学理顾问。此外，还向如皋、上海、广州、北平（北京旧称）等处国医研究社写作投稿。在国外，日本东京汤本医院院长汤本求真、新加坡医药联合会主席黎百概、雪兰莪（马来西亚的一个州）医药联合会总理王松贞等，前后来书聘先生为顾问。

先生爱国爱民，诚心可昭日月，行为堪作楷模。不幸于 1948 年 7 月与世长辞，人们无不哀痛。前清举人邓金山亲笔撰一联："一生事业，在警铎、国医校、节孝轩之间，更为南楚救星，请愿京都存绝学；万里声华，达宝岛、新加坡、马来西亚雪兰莪以外，岂第东瀛博士，奉书湘省拜名师。"以此来寄托对先生的哀思。

为捍卫中医药奋斗一生

——缅怀老校长吴汉仙

一、清明诉真情

《致敬老校长——吴汉仙》

甲辰清明

建校 90 周年临近

每一位湖中大学子

都在春风拂面中

行祭先师

忆起湖中大的老校长

吴汉仙先生

吴汉仙（1876—1948 年），字捷三，号柈湖医叟，今岳阳县鹿角镇人。7 岁入学，17 岁补博士弟子员，因废科举，乃从祖父学医。由于勤奋好学，医术渐精，求诊者日众，医名大噪。1930 年，吴汉仙因不满国民政府中央卫生委员会有关废止中医的决议，决定办湖南国医专科学校（即湖南中医药大学前身）。1933 年冬季，由湖南中医界张牧庵、吴汉仙和中药界黄菊翘、郭厚坤等一批医坛名流发起和创办了湖南国医专科学校，于 1934 年 3 月 17 日（正值我国国医节之日）正式成立并开始招生。吴汉仙任副校长（1937 年任校长）。吴老先后任湖南国医药建设委员会委员、湖南国医分馆馆长、湖南国医专科学校校长、《医药月刊》主编、“长沙卫生报社”社长、中西一家医院院长等职。

在医学上，他认为中医医学不可偏废，主张中西合参，形气并重。著有《雪鸿医案五种》《医界之警铎》《中西医学四系全书》《吴汉仙医案》等流传中外。

二、力挽狂澜护国医

1929 年，国民政府卫生部在余云岫等人倡议下，通过了一项《废止旧医以扫除医事卫生之障碍》的议案，其中有“不准办中医医院”“不准中医私人带学徒”“不准办中医学校”等条文，以达到去除中医之目的。1933 年，国民政府再次贬低中医，更是坚定要在全国立法取缔中医，一时激起了国内中医药学界和广受中医药恩泽的人民群众的怒潮。

捍卫中医，势在必行。1928 年，吴老鉴于国医前途危在旦夕，撰《痛器生致同道中人书》，带头在湖南国医界掀起了反对消灭中医药的运动。1929 年 3 月 17 日，17 个省的 132 个团体、272 名代表齐聚上海，成立了全国医药团体总联合会，湖南中医界积极响应，吴老亦撰《驳中央卫生部废止国医决议案通启》，大力声援。中医界众志成城，迫使当局撤销了 1929 年发布的议案。

赴宁请愿，力挽中医。1937 年 2 月，国民党在南京召开五届三中全会。为彻底粉碎国民党中一伙人妄想除尽中医的意图，使中医得以长久健康发展，吴老撰《发起召集全国医药界请愿三中全会》，并通电全国，呼吁各省市的中医、中药英才，奋起力争中西医的平等待遇。此消息一经散开，得到国内同仁的热烈响应，还得到了海外侨胞的广泛支持。吴老受湖南医药界委托，亲率湖南代表团 30 余人赴南京请愿。在吴老的一再坚持下，得贺衷寒等鼎力相助，决议通过“中医应加入教育学制案”和“中西医平等待遇案”，取得了标志性胜利。

三、白手起家建医校

湖南国医专科学校毕业证章

风雨兼程，自力更生。继撤销废止中医立案后，为了振兴中医药事业，以实际行动来抵制反动政府不得人心的做法，1933 年冬，湖南中医药界名流吴汉仙、张牧庵、易南坡等提出办一所培养中医人才的专科学校，1934 年 3 月 17 日学校正式成立，名为湖南国医专科学校，走正规培养人才的道路，以此促进中医药事业的发展。

艰难困苦，玉汝于成。白手起家谈何容易？校舍、教具、教材、师资等都是摆在面前的实际问题，关键是要筹集一定的资金来办学。他们首先来到有三百年历史又热心于公益、资金雄厚的劳九芝堂。找到经理劳寿文、管事邓鉴臣。把来意一讲，劳寿文深知中医药相互促进、相互依存的道理，欣然同意支持这件好事，爽快地答应筹资的要求，捐出了一笔可观的经费，并承诺参与学校募集资金、建立校舍等重大问题的研究和决策。他们募集了经费租用南门外一所大屋，制作了课桌椅凳，又呈请当时省政府教育厅的批准认可，发布了招生广告，许多有志青年纷纷报考。由于有中医公会积极筹划，各大药店经理、管事为校董，全市二百余家药店为后盾，积极参与各项筹建工作，学校于 1934 年正式开学。

四、排除万难办教育

1934 年春，湖南国医专科学校正式成立，吴汉仙担任副校长（1937 年任校长），劳永泰等百余青年考试合格后成为学校第一批学员。

吴汉仙出生在陈吴大屋，2 岁时父亲去世，母亲用半亩田产供他上学。17 岁他补博士弟子员，因清末废除科举，改从祖父学医，医术小成后来到长沙应诊，渐名声大噪。他十分同情失学儿童，1926 年变卖田地，在节孝轩开办“节托学校”，免费收留贫困家庭子女读书。为坚守心中信仰，他将自己的行医积蓄投入于湖南国医专科学校的创办。他在职期间，为湖南国医专科学校前后招收培训 500 余生员，学生遍及湖南、湖北等 9 省。三年办学，两袖清风，他从未领取分文报酬。该事迹流传至今，仍深深影响着此地百姓，他尊重知识、重视教育的精神更是为历代中医药人所铭记。

清明思故人

思念永长存

吴老砌下中医的一块红砖，
后人前仆后继地加盖。
纵时局动荡，
城墙也在塌陷中建起，
一代又一代杏林学者，
从青丝到白发，
终是立起了中医的城墙。
烽火台仍需点亮，
火炬也到了我们这代人手上……

五、来自同学们的感悟

读完吴老的故事，不禁感慨，在思潮翻涌的时代，不少人急着推翻旧物，不分黑白地驳斥传统；但仍有像吴汉仙那样的伟人，弃文从医，为天下请命，在中医瑰宝蒙尘时，一次又一次为其拂去尘垢，捍卫中医的尊严。作为医学生的我们，一定要肩负起杏林使命，握住先贤的手，守护中医的传承。

陈溢雯　2023 市场营销 2 班

吴汉仙老先生，一个伟大的湖湘儒医，不仅医术精湛，更以仁心济世，矢志不渝地传承中医精髓。他的事迹让我深刻感受到，坚持与执着是传承中医文化的关键，也激励我在追求理想的道路上不断前行。

熊春婷　2023 中西医临床医学 6 班

读完吴老先生的生平事迹，我想对吴老先生说："一代又一代人，从青丝到白发，在您看见或看不见的地方，总有人知道吴老先生您的名字，他们都是小人物，没有豪言壮语，没有惊世之才，但也为中医事业奋斗终生 。"先生您为中医祈愿，保中医药文明常青。我作为医学生，应追随您的脚步，肩负弘扬中医药重任，传承中医药文化之根基。

周虹怡　2023 护理学 1 班

"为捍卫中医药奋斗一生"的铮铮誓言，像一盏明灯，烛照着一代又一代"湖中大"人前赴后继、青蓝相续。

从 1934 年创立于民族危难、国医废止之时的湖南国医专科学校出发，一代代"湖中大"人始终秉承"文明、求实、继承、创新"

的校训精神，遵循“质量办学、特色办学、开放办学”思路，将学校建设为集教学、科研、医疗、产业和文化传承为一体的教学研究型大学，朝着建设行业一流、国际知名、中医药特色鲜明的高水平教学研究型大学奋勇前行！

参考文献

[1] 刘炎美 . 名医吴汉仙为捍卫中医奋斗不息 [J]. 湖南档案，1990，(1)：44−45.

[2] 陈珞珈 . 解放前“废止中医”的前因后果与反思 [J]. 中国农村卫生事业管理，1991(8).

[3] 赵洪钧 . 近代中西医论争史 [M]. 合肥：安徽科学技术出版社，1989.

来源：湖南中医药大学公众号

悼吴汉仙先生诔辞

任应秋

汉仙先生，医坛名宿也。下笔千言，议论风发。民二十六年余寓居长沙，曾谒请益，穷经释义，咸准绳墨，其启迪后进之心，如恐不及，并以医界之警铎及卫生报下赠，一别十年，重山万里，烽火弥天，音书永阻，不图噩耗之遽闻也，爰缀数言，用申哀感。

医维汉公，随缘应现；医家龙象，旷世一见；立德立言，足徵文献；博通群书，儒医一贯；至人之言，逾於针砭；有如画工，自判浓淡；柯喻清灵，洁古奇幻；石顽濙摸，天士淡淹；时疫吴杨，伤寒景遁；李朱虚痨，思邈维辨；气化生菌，菌因气变；治菌于气，菌病膏肓；穷经释义，苦心研炼；告于后学，占占不倦；扼要钩元，中外共赞；迫于正气，勇于果断；夷夏之争，警铎斯篡；正误破疑，存仁定慧；医史以存，医理以灿；爱医爱国，此心无间；活国活人，疾声呼唤；老而弥笃，成书立传；痛哭都门，上书力谏；手拨秦灰，续绝一线；观音大悲，地藏大愿；当代维摩，信誓旦旦；我得慈航，同登彼岸；福慧圆成，广其方便；众学所归，龄千祺万。

来源：《华西医药杂志》

从吴汉仙“中西医一家”思想谈中医药高等教育传承创新发展

——以湖南中医药大学为例

戴爱国

湖南中医药大学，湖南　长沙　410208

摘要：吴汉仙，湖湘名中医，湖南国医专科学校（湖南中医药大学前身）创始人之一。本文通过整理吴汉仙在近代“中医存废”之争中，为维护中医药传承及探索中医药教育发展做出的突出贡献，探究其“中西医一家”的思想内涵，从而为中医药高等教育传承创新发展提供有益启示和参照。

关键词：吴汉仙；中西医一家；中医药高等教育；湖南中医药大学。

二十世纪初，以实验医学为基础的西方医学体系的传入，让中医的科学性和实用性遭受强烈质疑，再加上当时国民党反动派政府“废止中医”“全盘西化”的极端做法，中医药事业受到了猛烈冲击。面对严重危机和严峻形势，一部分中医界的仁人志士奋起反抗，为中医的救亡图存作殊死之争。在湖湘大地上，就有这样一位医界名流和斗争先驱——湖南中医药大学前身湖南国医专科学校的创始人吴汉仙。他力挽狂澜，身先士卒，始终站在斗争的最前沿、第一线，坚决捍卫了中医的生存权、法律权、教育权，坚定了中医药的文化自信、理论自信和道路自信。他守正创新，突破藩篱，重新审视中医的临床、理论和教育，有效吸收借鉴西方文化和西医之精粹，致力于促进中西医融合。他认为医学无分中西，中西医原理相通，中医重“气化”，西医重“形质”，主张“形气并重”，应以彼之长补己之短，这正是他“中西医一家”思想的核心，并通过著书立说、建立医院、创立学校、成立医馆、创办报社等，躬身践行这一思想，为推动中医药生存发展、传承创新做出了不可磨灭的贡献，堪为后世楷模。

一、卫道与革新：从吴汉仙生平事迹及历史贡献探索其思想渊源

吴汉仙（1876—1948 年），字捷三，号convenience枰湖医叟。湖南岳阳县鹿角镇（今荣家湾镇）人。1904 年，科举制度废除，乃从祖父吴南塘学医，后曾做过军医。1928 年起，悬壶长沙，名噪一时。笔者尝试通过对吴汉仙生平事迹及其历史贡献进行梳理，结合其所处时代环境、社会环境、家庭影响及其个人经历等，探究其“中西医一家”思想的渊源。

（一）继承家学，仁心济世

1876 年，吴汉仙出生于湖南省岳阳县鹿角镇一中医世家。7 岁入学，17 岁补博士弟子员，他熟读经史子集类书目，饱读经典，满腹经纶。1904 年，因科举制度废除，通过科举选拔进入仕途的梦碎了。在家庭的影响下，28 岁的吴汉仙改志学医，从祖父吴南塘行医问诊。所谓“秀才学医，笼中捉鸡”，吴汉仙日夜研读中医经典，很快就掌握了中医学理论的真谛。1923 年至 1925 年，先后在鹿角、岳阳等地设平民施诊所、杏林救助会、救贫医院，他医术精湛，医德高尚，声名远扬。1927 年，担任国民革命军军医，在军中常与西医探讨中西医药如何融合的问题，并运用到行医实践中。

1928 年起，悬壶长沙。在这里，他深切感受到了西医对中医造成冲击的现实，认识到中医只有改变与创新，取长补短，才能得以生存和发展。“先生湛深中医学术，又能吸收新知。”面对中医的难题和困局，他开始研读西学书籍和西医的学术理论，以启发中医图存之新径。他与几个儿子在长沙白马巷开办便民诊所，后挂牌“中西一家医院”，这是他“中西医一家”思想的具体实践。此外，他还将其幼子吴幼仙送至日本顶尖医学类大学——东京医科大学系统学习西医知识，这也体现了其“中西医一家”思想的传承。1929 年，他开始编著《医界之警铎》，1931 年成书出版，该书是其“中西医一家”思想的代表作之一。另还著有《中西医学四系全书》《中西病理学合参》《吴汉仙医案》等，都是该思想的集中体现。

（二）融汇中西，守正创新

在吴汉仙所处的时代，西学东渐是社会潮流。关于中西医之争，在国内有几种声音：有的保守者固步自封，抵制一切西方学说，视西医为异说，坚决抵制；也有激进者，试图消灭中医，以西医取而代之。吴汉仙并未因循守旧，也没有激进冒失，而是实事求是地分析中医所面临的境况，始终对西医秉承开放包容、兼容并蓄的态度。1929 年，其在《呈湖南省政府创办国医讲习所并图书馆文》一文中提出“医学无分中西，要以国情之需要为断”，他认为“关于中西学说，实有互助之功能”，中医可以吸收西医的长处和精华，让西医为我所用，使中医更符合当今国情而得以生存。又如吴汉仙发起创办的湖南国医专科学校期刊《湖南医专期刊》，是当时中西医学术交流的重要窗口，该刊发刊词提道，“学术无分国界，贵能适应……取人长以补己短，是适宜也，炫人短而弃己长，是盲趋也”[2]。足可见当时的该刊对中西医融合是持包容开放之态度。同时，他积极面对现实，主动审视中医之不足，并以西学和西医之方法对中医进行革新。

1930 年，为反对教卫部禁止设立中医学校，吴汉仙撰《欲救我国医药之危亡急宜采用科学方法而谋根本上革新之建设》一文，对中医界“自恃其学说之健全”的现象进行抨击，认为中医“倘仍故步自封，势必尽归淘汰”，并认为当今之医学，“宜择有中西医学（智）知识者，采用科学方法。医学则以系统为前提，药学则以实验为根据”。比如，他倡导借鉴西医院的方式，发展集临床医疗和科研于一体的中医医院，并认为这是迫在眉睫的。1932 年，为筹建湖南国医院撰《筹设湖南国医院募捐启》，“为改良增进起见，拟筹办国医院……延聘中西通才。购置科学仪器，以造成国医人才”。1933 年，湖南国医院在沙河街成立，后定名“湘省国医院”，为湖南省中医院即湖南中医药大学第二附属医院前身。此外，他还被日本东京汤本医院院长汤本求真、新加坡医院联合会主席黎百概、斯里兰卡华人区联合会总理王松贞等聘为医学顾问。

（三）敢于斗争，力挽狂澜

吴汉仙是中华文化的捍卫者。吴汉仙认为“一国之文化，为一国民族所信赖者，即为其民族之命脉”，他敏锐地认识到中西医学之争，实际上是中西文化之争，“独不忍坐令文化消除”。1929 年 2 月，国民政府第一届中央卫生委员会通过余云岫等提出的废止中医案。吴汉仙从国家民族存亡大局出发，提出“西医日盛，则西药日销，始则以其文化侵略，而弱我民族。终则以其经济侵略，而削我民生”。撰《驳中央卫生部废止国医决议案通启》，并作为湖南中医界代表之一参加全国医药团体代表大会。他是中华国医的捍卫者。“志在匡扶，匹夫有责”。在这场长达 20 余年的中西医学之争中，吴汉仙作为中医药事业的坚定捍卫者，始终屹立在抗争最前线，1930 年，反对教卫部禁止设立中医学校和将原有学校改称学社，捍卫中医药的教育权；1934 年，作为湖南中医界代表之一与全国中医界代表一起参加国民党四届四中全会，要求颁布《国医条例》，捍卫中医在法律上与西医平等的合法地位；尤其是在 1937 年 2 月，他作为湖南医药界代表，召集全国中医界代表请愿国民党五届三中全会，担任全国中医界与国民政府谈判总代表，坚决捍卫中医在行政、教育上的权利，并取得了胜利。

（四）作育英才，延续火种

在中西医抗争中，北洋政府时期和国民党政府时期均将中医排斥在医学教育体系之外，吴汉仙竭力为中医争取教育权，即将中医纳入国民教育体系。1932 年，中央国医馆下令将浙江兰溪中医专门学校改为学社，吴汉仙撰《教卫部焚坑医药痛史录》，并于 1933 年与易南坡、刘岳仑、郑守谦、张牧庵等发起筹建湖南国医专科学校。1934 年春天正式招生开学，首届招生 80 余人，校址设在长沙市青山祠。学校办学宗旨为用科学方法整理国医国术，培养造就国医药专门人才，教学以中医课程为主，辅以西医课程，设有临床教学医院，重视培养学生临床实践能力。1935 年，中央国医馆下令湖南国医专科学校改成学社。作为学校副校长的吴汉仙坚决反对，撰《湖南医药界一致否认中馆改校称社通电》，并带头抗争，后中央国医馆收回命令，不再要求其他中医学校改成学社。1938 年，因日寇轰炸长沙，学校迁到沙河街湖南国医院内办学，1941 年，因种种原因学校停办。其间，学校共招收 7 个班级，毕业人数约 200 人，培养了一批中医药优秀专门人才，其中包括任应秋、谭日强、夏度衡、张海清等名医大家。

二、开拓与探索：从吴汉仙“中西医一家”思想领略其精神内核

西医在中国的发展让当时中国整个社会对医学的认知都产生了

深刻的变化，中医是否具有科学性的质疑声甚嚣尘上。以吴汉仙为代表的中医界有识之士们，在奋起抗争的同时，也在思考探索自救之道。他们清醒地认识到，中医药想要谋求出路，就必须予以改良、革新，必须借鉴西医之所长。吴汉仙在救亡图存的过程中逐步形成并丰富了“中西医一家”思想。笔者尝试通过对吴汉仙学术主张、教育理念和文化认知的分析，探究其“中西医一家”的思想内涵及精神内核。

（一）执中参西、固本创新——科学化的学术主张

中医经过了上千年的历史发展，有其独特的哲学基础、理论体系和思维方式。但在这场中西医论战中，以余云岫等人为代表的“废中派”对阴阳、五行、经络等中医基础理论进行了猛烈的诋毁和抨击。吴汉仙坚持以中医为主，对中西医学都进行了深入、辩证、严谨地学习，并尝试通过探索沟通中西医学的路径以论证中医理论的科学性。

1. 主张中西医学原理相通，强调中医科学性

吴汉仙认为，“百川争流，派别支分，而竟委穷源，终归一本”。虽然中西医产生的历史背景不同，理论体系有差异，但两者的医学原理是一致相通的，故常使用“拟同性解释”的比附方法来解释中西医学术理论。吴汉仙用“阴阳气化”学说来概括中医学理论的本质与核心，认为“中医之主体在气化”。他提出气化与细胞、六淫与细菌的比附，认为“气化为细胞之母”“六淫为细菌之母”，并指出，“究之吾国医学，虽不明言细菌，而细菌之发生与死灭，实统摄于气化之中。故菌由气化以生，亦由气化以灭”，所以“夫同一病也，中医治六气而效，西医治细菌而亦效者”。他所提出的阴阳气化的生菌杀菌理论，反映的是中医辨证施治的理念，这是从本质上阐明中医学的原理，维护中医的科学性。其《医界之警铎》中

篇《中医破疑录》共设23篇，通过剖析“发热非热”“恶寒非寒”等病症，主张中医在复杂病症面前的独特优势。可以看出，吴汉仙坚持以传统中医学理论和传统中华文化的思维模式为根基，积极学习借鉴西方医学的先进理念，试图借助近代医学知识来论证中医药学的科学性与实用性，以达到探索中医、发扬中医的目的。

2. 主张衷中参西，融通医理

吴汉仙曾担任山西太原中医改进研究会名誉理事，该研究会宗旨即为“阐发中医真理，参证西医科学，穷源溯流，融会贯通”。其《医界之警铎》一书，便是“专取国医临床经验所得之事实，与西医研究室内所得之理论，以互相印证”。其主编的湖南国医专科学校教本《中西病理学合参》则为“博采古今中外名家学说，以中医为中心，参附西说”，专门对中西医学的病理知识进行比较分析、归纳总结。如第一章“病理概述”，概述了六经与病理之间的关系、与时令病之间的关系，以及恶寒发热之原理、外感伏邪的研究与辨别、伤寒三表法等。后附西说病理与调节功能之关系、病理与细胞实质之变化等。《中西医学四系全书》则通过生理学、病理学、诊断学和药物学等方面，分析中西医生理认识上的异同，进行中医的“六淫”与西医的细菌学说相结合的病理学上的融合创新，提出了肺结核、脑膜炎等多种疾病的中西结合诊断方法，并通过比较中西医药的优劣，提出了中药应与西药相互借鉴融合之发展道路。吴汉仙不守旧古说，不盲从新学，将传统中医理论和西方医学体系相互考证比较、相得益彰，为中医的科学性提供有力辩护。这正是促进中医复兴的科学之法，也是推进中西医融合的创新之路。

（二）中西兼备、切合时需——现代化的教育理念

1929年初，国民党政府通过废止中医案，禁止设置中医学校。

虽经过吴汉仙等中医药界人士的不懈努力，中医教育合法化得以承认，但他们也认识到中医教育应该适应时代的发展。吴汉仙坚持汲取西医教育之经验，突破中医教育传统发展体系，在湖南国医专科学校开辟了一条中西医兼备的具备现代科学教育特点的教学模式。

1. 中西结合的办学理念

湖南国医专科学校办学宗旨是“用科学方法整理国医学术，培养造就国医药专科人才”。其中，“科学方法整理国医学术”就是用西医方法来阐述中医学理论。研究学校办学历史，湖南国医专科学校在办学宗旨、管理体制、办学体系等方方面面都蕴含了“中西医结合”的思想。综合近代中医学校教学史分析，可以说，以湖南国医专科学校为代表的中医学校是最早一批体现中西医结合办学理念、探索中西医融会贯通发展道路并开展中医学历教育的院校。

2. 现代化的治理模式

吴汉仙等人制订了一套比较完整的管理制度，包括学校领导机构、职教员队伍、会议管理制度、图书馆规约、经费审计等，使学校具备了近代科学教育的特点，实现了近代大学的基本职能。吴汉仙强调，图书馆在办学中的重要性，讲“然讲习之首要，先在图书馆”，这与现代高等教育中认同的图书馆是高等学校办学的三大支柱之一的认识是一致的。

3. 中西兼备的教学体系

湖南国医专科学校在课程设计、教学计划等方面都借鉴了西方教育模式。比如采用学分制管理，课程分必修和选修两种。在课程设置中以中医学为主，但也辅以西医学。先后开设医学课程如处方学、内难学、内科学、外科学、妇儿科学、生理学、解剖学、卫生学、西医概要等，中西医从基础到临床课程都有，同步开设外国文（日、德）课程，甚至在抗战时期还开设了战争救护课，广泛吸收西医的外科手术之长。此外，学校还重视培养学生的临床实践能力，按照学校教学计划，第一学年讲授基础医学，第二、第三学年讲授应用医学。理论课结束后，分派学生往各医院临床实习。可以说，吴汉仙的教育理念和办学实践在当时具有开拓性、探索性，为现代中医药高等教育和“中西医结合”理念提供了重要借鉴。

（三）中体西用、兼收并蓄——多元化的文化认知

彼时，随着西医在中国的影响逐步扩大，中医始终处于被动地位，一度被剥夺话语权。中西医之论战不仅在医学界，还在思想界和文化界引起轩然大波，相关人士还曾打出“提倡中医，以防文化入侵”的旗号。中医的兴废之争，实质上就是两种泾渭分明的异质文化的冲突与融合。吴汉仙在严厉批评“废止中医”相关言论的同时，认识到中医乃至中国传统文化都必须从自身封闭的框架中跳脱出来。

1.中体西用的文化范式

吴汉仙在当时就认识到“中西医学之争，实源于文化之不同”，指出“毁国医，即所以毁文化”。他指出了中西医思维方式的不同，“盖中医论病，系指病之起点与来源；西医论病，系指病之极点与现状”。中医论病是从整体上、根源上“归纳”，西医论病则是从局部、微观上“分析”。吴汉仙坚持遵循中医的思维方式，比较明确地指出了整体观念的重要性。但他也认为，“形上形下，各有专长，墨守古法，不足以应时代之需”，并提出“医者当从哲学思想出发，而以科学为参考之资”。吴汉仙这一试图整合中医和西医矛盾关系的框架和构想，实际上就是“中体西用”的文化思维范式之体现，是适应时代思潮所做的有益尝试，也给后学提供了宝贵的经验。

2. 兼收并蓄的文化态度

相对于主张全盘西化的民族虚无主义和拒绝接受一切新事物的保守主义而言，吴汉仙既坚定地维护中医，也深知兼收并蓄、广纳博收的必要性。他指出："编者博采兼收，固异于中者以补西说，略于西者，补以中说，以期臻于完善。"并先后创办了《湖南医专期刊》《长沙卫生报》等，内容涵盖中西医学术研究、卫生知识等，提倡学术争鸣，文化交流，以取彼之长，补我之短，融贯中西。吴汉仙不仅深谙中医，对国外一些医家思想也有较多研究，比如，日本的汤本求真、和田氏、奥田氏、香蓼氏和新加坡的黎伯概等。他试图通过融汇中外医家之思想，博采众家之长，终成其一家之言。他希望"将来融贯中西于一炉，造成一世界之伟大医学"。这与现代"文明交流互鉴"的理念可以说有异曲同工之妙，也为后续中西医结合发展提供了重要的思想和实践指导。

三、继往与开来：从吴汉仙思想之坚守与变革探讨中医药高等教育传承与创新

探究吴汉仙的思想与实践，可以看到，吴汉仙思想可贵之处体现在对中医药传统文化的坚守、"中西医一家"的理念创新，以及中医药现代化教育的模式创新，这为当代中医药事业和中医药高等教育提供了珍贵的历史借鉴、经验总结和发展构想。笔者认为，吴汉仙思想之坚守与变革在当代仍有重要的指导意义，指引着我们探索一条既守传统中医药之正，又创现代医学之新的中医药高等教育传承创新发展道路。

（一）理念创新：中西融合育人，培养复合型医学拔尖人才

吴汉仙集中医之大成，融西医之精华，贯中西之长的育人理念和

办学实践是留给后人的宝贵财富，为中医药的现代化提供了有力支撑。作为我国特有的医学模式，中西医结合不仅是我国医疗卫生事业的重要组成部分，也是顺应时代需求的未来医学发展方向。中医药院校必须创新办学理念，推动中西医学体系有机融合，培养更多中医功底扎实、西医知识完备、融通中西医的高素质复合型医学拔尖人才。

1. 中西医结合教育稳步发展

中华人民共和国成立初期，毛泽东同志从其领导中医药发展的实践经验中总结出来要“团结中西医”“中西医结合”的理念。在此基础上，习近平总书记进一步提出要“坚持中西医并重，推动中医药和西医药互相补充、协调发展”。湖南中医药大学始终坚持深入贯彻落实党中央关于中医药工作的重要论述，发扬传承吴汉仙中西汇通的办学理念，于 1981 年创办中西医结合学科，1993 年经湖南省教委批准开设中西医临床医学专业，是全国最早开办中西医临床医学本科教育的高校，充分展现了学校敢为人先、兼收并蓄的精神内核。2024 年，学校高质量完成中西医临床医学专业试点认证工作，成为全国首批开展中西医临床医学专业试点认证的中医药院校。30 多年来，学校积极探索中西医人才培养模式，首创了“两个基础，一个临床”（中医基础、西医基础和中西医结合临床）的培养模式，提出了“中西医临床一体化”的教育模式，并在全国 20 多所医学院校推广，为我国中医药事业发展培养了一大批“能中会西”的医学领军人才，也为中西医结合高等教育提供了可供借鉴的样板范式。

2. 推进中西医结合教育高质量发展

对于中医药高校来说，要加快培育满足社会需求的中西医临床复合型人才，打造一流中西医临床医学专业，就要进一步深化教育改革，加强中西医高等教育内涵建设，推动中西医相互融合、相互促进、相互补充；要进一步构建多层次、全覆盖的中西医结合培养体系，打造好从本科、硕士到博士的完整教育链条；要进一步加强既精通中医又熟悉西医的“双师型”师资队伍建设，注重教师中西医临床一体化思维和知识体系的打造；要进一步完善中西医结合继续教育，规范中西医住院医师规范化培训体系和方案；要加强中西医结合临床实践教学基地建设，提升学生的临床实践能力和中西医结合的诊疗思维，不断推动中西医结合学科建设，加快培养中西医结合拔尖创新人才，为我国医学和世界医学的进步开具一剂“中国特色处方”。

（二）模式创新：统筹推进改革，创新中医药现代化人才培养模式

吴汉仙对中医药现代化教育模式的探索与实践，对当前中医药高等教育发展具有重要的启迪和借鉴作用。在党的二十届三中全会提出要深化教育综合改革、完善中医药传承创新发展机制的背景下，中医药高等院校要传承好以吴汉仙为代表的老一辈中医药教育家的思想与精神，不断深化教育体制机制改革，建设和完善符合中医药发展特色和发展规律的现代化人才培养模式。

1.优化学科布局，构建交叉融合的协同培养模式

湖南国医专科学校为适应时代发展需要，构建和完善了中西医结合的专业课程设置和学科发展体系。而在当下新医科背景下，多学科交叉融合，推动协同发展，是实现中医药传承创新发展的必然要求和关键路径。中医药高等院校要主动适应经济社会发展需求，在生物医药、人工智能、康养等战略急需和未来新兴领域进行前瞻性布局，探索“中医药+”的多学科交叉融合的培养模式。湖南中医药大学坚持突出中医药学科特色优势，强化中医学、中药学、中西

医结合等一流学科、高峰学科特色，积极培育中医药转化医学、中医药信息学、中医亚健康学、中药生物工程等交叉学科和新兴学科，抢占学科未来发展制高点，推动建设行业一流、国际知名、中医药特色鲜明的高水平教学研究型大学。

2. 重构培养学制，完善本博一体化培养模式

湖南国医专科学校依据当时“壬子癸丑学制”，以日本的现代化学制为参考，设定为 3 年学制，以满足当时中医药人才培养之需。健康中国战略对医学发展提出了更高要求，培养更多高层次、高水平的中医药人才是中医药高等院校的当务之急和改革方向，符合医学教育规律和人才成长规律的长学制教育则成为破题之策。2024 年，湖南中医药大学新增中西医临床医学“5+4”本博一体化招生方向，成为唯一一所实现中西医临床医学专业 5 年制、“5+3”“5+4”全覆盖的长学制培养高校。通过发展一体化长学制培养方式，进一步夯实医学理论基础的学习，强化临床综合诊疗技能，提升科研创新能力，全力打造高素质的医学拔尖创新人才。

（三）国医传承：坚定中医自信，构建中医药自主知识体系

吴汉仙始终旗帜鲜明地捍卫中医药权利，尝试用科学的方法，诠释中医学理论的实质，理清中医与西医之间的共性与差异，为近代中医药的生存和发展做出了不可磨灭的贡献。当下，构建好中医药自主理论体系、话语体系等对推动中医药传承创新发展具有重要意义，也是新时代坚定中医文化自信，推进中医药科学化、现代化、国际化发展的必然要求。

1. 坚定理论自信，构建科学化理论体系

中医药凝聚着中华民族几千年的哲学和科学智慧，有其独特的

理论体系和丰富的临床经验。但若无法用现代科学的语言解释清楚，就会陷入如同中医存废之争中的被动局面和认同危机。中医药高等院校要积极搭建起中医药学和现代科学体系的沟通桥梁，将“阴阳五行”“四气五味”“君臣佐使”等博大精深的中医学术体系，用现代科学的语言阐释清楚，建立符合现代科学范式，适应时代需求的中医科学化理论体系。湖南中医药大学始终坚持深化中医药理论体系课程建设，提高中医药类专业经典课程的比重，系统学习《黄帝内经》《伤寒论》《金匮要略》《温病学》四大经典及其他中医药经典理论，引导学生强化中医药价值取向，培养中医思维模式，推动中医药学术理论体系的科学化、系统化建设，为实现中医药振兴发展提供坚实的科学理论支撑。

2. 坚定文化自信，强化中医药话语体系

“西学东渐”文化背景下，中医药在国际国内舞台的话语权都受到了巨大的限制。将内涵丰富的中医药文化介绍给全世界，构建好融通中外的中医药话语体系，对增强国家文化软实力具有重要意义。中医药高等院校作为中医药传承发展的文化重地，以及推动中医药走向世界的前沿阵地，必须寻找有效的叙事方式，以大众化、现代化的话语体系，向全世界传播好中医药文化。在“两个结合”重要论述的指导下，湖南中医药大学依托“湖南省中医药文化研究基地”等，深入开展中医药文化理论研究阐释，推动中医药文化创造性转化和创新性发展。湖南中医药大学始终坚持“开放办学”的理念，在韩国圆光大学建设了全球首家研究型中医孔子学院，在巴基斯坦、柬埔寨、阿拉伯联合酋长国（迪拜）、津巴布韦建立中医药中心等等，以合作办学、人文交流、产业合作、医疗援助等方式，推动中医药文化“走出去”，提高中医药文化的传播力、感召力、影响力。

四、结语

在烽烟迭起的中西医论战中，吴汉仙虽然作为保中派的代表，但他仍有着难得的理性思考，希望取西医之精华、补中医之短，致力于推动中医与西医的协同发展，这不再是一条具有排斥性的“非此即彼”式的理念，而是体现了一种兼收并蓄、中西一家的文化雅量和博大胸怀，这才是真正有中国特色的发展道路。通过深入挖掘吴汉仙思想内涵和办学实践，以回溯学校发展历史，传承前人办学智慧，凝练学校精神内核，推动中医药高等教育事业传承创新发展，并藉此以庆祝湖南中医药大学建校 90 周年！

参考文献

[1] 吴汉仙 . 医界之警铎 : 上篇 [M]. 长沙 : 湖南中西一家医院 , 1931.

[2] 吴汉仙 . 湖南医专期刊发刊词 [J]. 湖南医专期刊 , 1935（1）: 1.

[3] 吴汉仙 . 医界之警铎 : 下篇 [M]. 长沙 : 湖南中西一家医院 , 1931.

[4] 吴汉仙 . 医界之警铎 : 中篇 [M]. 长沙 : 湖南中西一家医院 , 1931.

[5] 中医改进研究会 . 中医改进研究会组织简章 [J]. 医学杂志 , 1921（1）: 14–16.

[6] 吴汉仙 , 刘裁吾 . 病理学讲义 [M]. 长沙 : 湖南国医专科学校 ,1934: 1.

[7] 吴汉仙 . 中西医学四系全书 [M]. 台北 : 炎煌书邮社 , 1967: 4–10.

[8] 张增国 . 近代中医学校教育史的研究 [D]. 济南 : 山东中医药大学 ,2011.

来源：《湖南中医药大学学报》2024 年第 44 卷第 10 期

湖湘一代儒医吴汉仙

——缅怀曾祖父吴汉仙逝世七十周年

吴冬祥

按： 曾祖父吴汉仙，字捷三，湖南岳阳县鹿角人，别号梓湖医叟，逝世于1948年7月，至今已经70周年了。

曾祖父出生于1876年12月，年少时刻苦攻读，20多岁遵从母愿跟随其祖父学医，终于学有所成，成为一代名医，系民国时期湖南省中医界的杰出人物。

1928年（民国十七年），曾祖父吴汉仙在国民革命军任职，担任国民革命军第八军第三师上校军医处处长；1934年，他与长沙中医界名流在长沙共同创办湖南国医专科学校（即湖南中医学院前身），任副校长，在他的领导组织下，湖南的中医药事业从此规范发展、后继有人。

1937年，针对当时国民政府教育部出现的崇洋媚外否定限制中医发展的歪风，为捍卫中华民族传统中医，他在长沙奋起疾书予以反驳，被推举为代表团总代表，代表湖南中医界向国民政府教育部请愿，得到了国民政府的重视。国民政府总统蒋介石亲自接见，承诺维护中医药的正当权益，为中医的生存发展争得了一席之地。1947年国民政府中央国医馆正式委派吴汉仙担任湖南国医馆馆长。

曾祖父吴汉仙一生热爱中医药事业，为了使中华民族的精华得到健康传承和发展，他老人家鞠躬尽瘁用尽了毕生精力，1948年病逝于长沙，享年72岁。

湘江，一条从南到北穿越了湖南省全境的著名江河，千百年来无论春秋，不舍昼夜，满怀着无数湖湘儿女的激情，一泻千里，滚滚北去，在流经省会长沙市以后，在湘阴县境内汇入了浩瀚的八百里洞庭湖（八百里洞庭是自古以来人们对洞庭湖的描述，而现时洞庭湖显然没有那么大了）。在洞庭湖的东岸，著名的岳阳楼闻名中外，据此以南几万米的地方有一个地名叫鹿角乡（现岳阳县荣家湾镇），鹿角原名鹿角港，地处洞庭湖东岸，一峰临湖突兀，形如鹿角，因而得名。旧时为长沙至岳阳水运的必经之道。明成化年间在此设巡检司。清乾隆四十年（1775 年）以后，曾由巴陵县派主簿常驻鹿角，史籍有“巴陵分县”之说。近年出土有清道光十四年（1834 年）所立“鹿角分县示禁”石碑。

据湖南省志、岳阳县志资料记载，曾祖父吴汉仙是湖南省岳阳县鹿角乡人，但吴氏先祖祖籍不在湖南省，而是在江西省的南昌市。他们为什么会到湖南，这可能要追溯到 500 年前的明朝洪武元年间发生的大移民。当初，明洪武年间明太祖朱元璋为了维护明王朝的封建统治，制定了移民屯田的战略决策（《明太祖实录》），开始了一场大规模的历经近 50 年的移民高潮。在这场大量移民的浪潮中，吴姓族的一支，从原籍江西南昌府铁树观筲箕坡迁移到今湖南省岳阳县荣家湾镇。先祖迁移来到湖南省岳阳县的具体时间不详，但史料记载，岳阳吴伏一十二都吴氏是明洪武年间始迁祖伏一公由江西南昌府铁树观筲箕坡迁此（从资料上看，江西的铁树观应在今江西省新建县域，与丰城县相邻）。族人主要分布在岳阳县鹿角乡、黄沙街、步仙区等地，而我的曾祖父吴汉仙就出生在岳阳县鹿角乡。

我与曾祖父从未谋面，1950 年我出生的时候他老人家已经仙逝 2 年，因此我对他没有直接的印象。对曾祖父的认识了解，是 1952 年后在祖父吴亦仙的家里开始的。当年，我的祖父继承曾祖父吴汉仙衣钵，在长沙市老照壁一条巷里的一处私宅中挂名开设“吴亦仙中医诊所”，擅长用中医医治内科肺结核等病症，在长沙市，甚至省内享有盛名。我从2岁开始就被寄养在祖父家里，儿时的记忆很清楚，祖父家一楼客厅东面的墙上就挂着曾祖父吴汉仙和他的母亲刘氏的烧瓷大照片遗像，小时候我每天都在客厅玩耍，可以说每天都是在曾祖父那温柔目光的注视下成长的，而祖父则经常向我讲起曾祖父年轻时勤奋好学、行医治病救人、祖传三代名医的往事，这使我在很小的时候就对曾祖父的生平有了深刻的印象和了解。

曾祖父出身贫寒，家境不好。1876年12月1日（清光绪二年；丙子鼠年），曾祖父出生在湖南省岳阳县鹿角乡华群村陈吴屋一个世医的家庭，2岁时父巽卿公去世，致使家境日渐贫寒，赖母亲刘氏终身守寡，以半亩薄田及纺织维持生活和送他入学。曾祖父幼时读书十分刻苦，夜晚经常是母亲刘氏在一边纺线，他在另一边借着纺线照明的微弱油灯看书到深夜，冬天没有钱买炭烧火取暖，他就把双脚放在棉籽中取暖坚持学习。

在我的父辈们那里经常可以听到关于曾祖父年轻时忘我学习、勤奋刻苦的故事，他曾因一边走路一边背诵文章而在乡村的田间小路上找不到回家的路，被乡间传为笑谈。我小的时候每次回到岳阳鹿角乡，在父辈们的亲戚和乡亲们那里，可以经常听到许多关于“汉爹”（乡亲们对曾祖父吴汉仙的尊称）的事迹，可惜的是，随着岁月的流逝，年轻一代知道汉爹生平事迹的人越来越少。

1898年，曾祖父22岁，入泮（明、清州、县考试新进生员须入学宫拜谒孔子，因称入学为入泮或游泮），因其母刘氏为了抚养培育曾祖父，不辞艰辛和劳累，守寡20年。曾祖父是个孝子，深感难以报答母亲的养育之恩，向当时清政府为母请旌获准（旌表，封建社会对所谓忠、孝、节、义的人，用立牌坊、赐匾额等方式加以表扬），督学户部侍郎吴树梅旌示数百言、并亲书“画荻风清”以表其闾（里门，巷口的门）。

1904年，清末废除科举，兴办学校，28岁的曾祖父遵照母命改志从医，跟随其祖父南塘公学医，经刻苦钻研，精通医理，在实践中积累了经验，一直在鹿角乡当地行医并崭露头角。

1923年，曾祖父47岁，在岳阳县鹿角镇设立平民施诊所，用一技之长拯救劳苦大众于水火之中。

1924年，曾祖父开始从事社会活动，在岳阳县新墙创立杏林救助会。

1925年曾祖父49岁，在岳阳县城创立救贫医院。后至长沙应诊名声大噪，成为一代名医。

1928年，曾祖父52岁，任国民革命军第八军第三师上校军医处处长，时八军将领吴棣庭患肺结核20余载未能痊，经他切脉施药，短期病愈。吴棣庭念其治病之功，荐曾祖父为县长，他以高堂亲老为由婉拒，力辞不就。后时任湖南省政府主席何键之子患癫疾，多方求治无效，他以五剂之药，使其霍然而愈，何捐款为他在长沙府正街开设“中西医一家医院”，当年就是曾祖父率领三个学中医且小有名气的儿子（长子吴亦仙、次子吴亚仙、四子吴幼仙）父子四人开办中医院。

曾祖父十分尊重西医，但坚决反对偏废中医。中医在新中国成立前称国医，是我国劳动人民长期以来与疾病做斗争的经验总结，是中华民族的瑰宝。可是，自晚清以后，随着外国列强对我国进行文化侵略，西医开始流入中国，中医、中药受到排挤。到国民政府统治时期，当局甚至采取行政手段，企图消灭中医。于是，掀起了一场长达20余年的捍卫中医的斗争。湖南著名中医吴汉仙，始终站在捍卫中医斗争的最前列。面对强权，他身体力行，忧国忧民敢为人先。1928年，国民政府教育部主张废止中医。他条陈利害，在湖南国医界掀起反对取消中医药的运动。

1929年，曾祖父53岁，住长沙市白马巷仁义商号，挂内科梓湖医叟牌名。同年 2 月，国民政府第一届中央卫生委员会议决废止中医（以当时国民政府卫生部余云岫等为首，向中央卫生委员会提出一项要求废止中医药的议案，主要内容：不准中医办医院、带学徒，不准办中医学校等。其目的是完全扼杀中医，以西医取而代之）。消息传出，激起全国中医药界的强烈反对，吴汉仙被湖南中医药界公推起草反对通电，当即发表《驳中央卫生部废止国医决议案通启》。接着，由上海“医界春秋社”张赞臣等发起，组织全国医药团体总联合会进行请愿斗争，他又被推为湖南中医药界请愿代表。

1930 年，国民政府教育部通令全国：“中医学校一律改为教习所，禁止中医招收学生。”曾祖父又发表《欲救我国医药之危亡急宜采用科学方法而谋根本上革新之建设》一文与之相抗，据理驳斥。同时，慷慨捐资并四处奔走，求得社会各界的支持与资助，先后与医界同道余华龛、刘岳仑、王纾青、曾觉叟、易南坡等办国医讲习所。

1931 年，国民政府教育部余云岫发表《余氏医述》，继续鼓吹其摧毁祖国传统医药学的谬论，其中妄言：“海内旧医莫敢与之作旗鼓相当论战者。”曾祖父立即撰写了《医界之警铎》与之进行针锋相对的论战，获得国内中医界的一片赞誉。

1932 年，国民政府以卫生、教育两部的名义再次重申将全国中医学校改称学社的旧议，以《将国医学校改称学社》的旧案通令全国。曾祖父再以《教卫部焚坑医药痛史录》一文通电全国。除了在理论上进行顽强的抗争，还列举事实，正告国人。在全国中医界的支持下，迫使两部取消通令。

1933 年，曾祖父吴汉仙参加反对湖南省卫生实验处制定《湖南省卫生医药十年计划》中有关消灭中医药的斗争。同年冬，湖南中医药界名流吴汉仙、甘岳臣、张牧庵、易南坡、刘岳仑、王纾青、郑守谦、郭厚坤、黄菊翘等人发起，并捐资创办湖南国医专科学校（即湖南中医学院前身），同年，曾祖父与长沙中医界名流共同创办湖南国医分馆，任馆长。

1934 年，曾祖父 58 岁。这年春天，湖南国医专科学校正式成立，吴汉仙历任副校长、校长，易南坡任董事长兼顾问，时任湖南省政府主席何键任名誉校长。湖南国医专科学校前后招收学生 500 余人，遍及江南九省。曾祖父办学 3 年，从未领取分文报酬。同年，曾祖父创办《长沙卫生报》，任报社社长，其二子吴亚仙任报社编辑。

1935 年 11 月国民党中央“五全大会议决案”有中西医平等待遇的条款，但一直没有公布。湖南国医药界于 1937 年 1 月，趁国民党中央开会之前召开大会，吴汉仙和谢君塘等被公推为请愿代表，为实现上述决议而斗争。

1937 年 2 月，曾祖父发表《发起召集全国医药界请愿三中全会》的倡议，呼吁全国各地派团进京请愿。湖南医界即推举曾祖父为湖南省请愿团团长，率 30 余人之众开赴南京。其后各省代表团也陆续到达南京，经协商共推曾祖父为总代表。在强大的舆论压力下，蒋介石被迫出面接见吴汉仙等人。经过大家据理力争，蒋介石不得不下令撤销教卫两部决议，并承认中西医平等，准许开办中医学校，其学生可列入教育学制、卫生行政机关将添设中医部门等。请愿获得了意想不到的成功，曾祖父回到长沙时受到英雄般迎接，全国各地的贺信、贺电雪片般飞来。可惜的是，后来因抗日战争爆发，国家进入全面抗战阶段，国民政府的某些承诺并没有来得及兑现。

谭日强先生是 20 世纪 80 年代湖南长沙的著名中医，曾任湖南中医学院（今湖南中医药大学）中医教授、学院院长，他当年是吴汉仙的得意门生，在曾祖父的带领下参加了湖南医界湖南省请愿团赴南京请愿的活动，目睹了曾祖父那种心忧天下、敢为人先的赤子之心。

1938 年，长沙会战前夕，面对日军南侵、省城危在旦夕的形势，曾祖父自省城返回到家乡，不顾年老（62 岁）体弱，对家乡的人民鼎力相助、有求必应，对贫困乡邻，不但精心诊治，还无偿施药，受到了故乡父老乡亲的敬重和爱戴。

1942年，曾祖父之母刘氏去世，享年88岁，葬于洞庭湖畔洪家嘴乾山巽向。刘氏为了抚育曾祖父成长，倾尽毕生精力，从曾祖父2岁开始不畏艰辛终身守寡，经历千难万险，终于使曾祖父长大成人学有所成，成为有益于社会的栋梁之材。曾祖父不忘母亲的养育之恩，在此为其母建节孝轩（旧时女人崇尚贞节，为亡夫守节，地方官奏于朝廷，奉旨敕建贞节坊旌表）立轩阡八景。墓地的建设在当地颇具一定规模和影响，体现了曾祖父对母爱的崇高敬意和忠孝之心。

1946年，曾祖父吴汉仙撰《请中央国医馆转呈国府准许中医参加卫生政权》一文，同时积极参与湖南医药界向国民代表大会请愿运动。

1947年，曾祖父71岁，中央国医馆委派曾祖父担任湖南国医馆馆长。同年，曾祖父的四子吴幼仙向国民政府提出了改进中医药工作的三点意见：一行政院设立中医药管理委员会机构。二中西医平分中央及地方卫生行政职务。三由国家设立中医药学校、中医院、中医药制药厂。这些意见对中国此后的中医药事业的健康发展起到了巨大的作用。

1948年7月7日，曾祖父因劳成疾，病逝于长沙，享年72岁。曾祖父的遗体按照他的愿望安葬在其家乡湖南省岳阳县鹿角镇洞庭湖畔洪家嘴（他母亲的墓地附近）。各级政要均有悼念，国民政府湖南省主席何键等政要也都表示了悼念。

曾祖父吴汉仙医德高尚、医术高明、医理渊博，一生勤于著述。生平著作有《柈湖医学丛书》（即《雪鸿医学十种》），以及与刘裁吾、宫怀素合编的《中西病理学合参》。撰有《中西医学四系全书》《雪鸿医案五种》《医界之警铎》《吴汉仙医案》等著作，还为苏、沪、穗、京等地国医社撰写很多论文，创立和论述“气化为细胞之母，六淫为细菌之原”“气化生菌、气化杀菌”的中医学说。

曾祖父作为一介著名中医，可以不畏权势，敢于和当时国民党的最高领导人据理力争，与那些否定中华民族传统医学的人进行不懈的抗争，保护和捍卫了中华民族的传统医学，可以说他老人家功不可没！

曾祖父吴汉仙一生有四个儿子，分别是祖父吴亦仙、二叔公吴亚仙、三叔公吴铎仙、四叔公吴幼仙。其中吴亦仙、吴亚仙、吴幼仙年轻时学医，一直跟随在曾祖父的身边，在他的带领下在长沙开办吴氏的一家医院，跟随曾祖父参加中医界声势浩大的请愿活动，他们同样为了中华民族中医药事业的发展做出了巨大的贡献！

“茫茫大陆几沧桑，满目疮痍倍感伤；我欲活人谁活国，一声医铎叩穹苍。”这是曾祖父在1936年《医界之警铎》再版时的感叹，充分反映了他老人家为了维护和继承中华民族传统医学，面对旧中国的满目疮痍，心忧天下的赤子之心和爱国情怀。

2011年3月，叔叔吴道成（四叔公吴幼仙的二儿子），拿出珍藏的曾祖父亲著的《中西医学四系全书》线装本4本书送给我，虽然书已破损，但书的内容和吴汉仙印章都基本完整和清晰，这是我看到的曾祖父至今为止留下的唯一物品。还有一本1986年7月长沙市中医学会出品的《长沙名医录》，其中就有叔叔吴道成撰写的吴汉仙生平介绍。

2010年以来，我先后在湖南省志地方志编纂院网、湖南中医药大学新闻网、长沙市中医学会《长沙名医录》、岳阳市情网、岳阳市档案馆网、岳阳县政府网、知网、中国年鉴全文数据库、天下湖南网等多处看到了有关曾祖父吴汉仙生平事迹的介绍和历史资料的记载。2014年，我在互联网新浪博客里看到了叔叔吴愿成（二叔公吴亚仙的儿子）发的博文《我的祖父吴汉仙》。这些都使我感到格外亲切和受到鼓舞。

曾祖父吴汉仙先生虽然离我们远去已经70周年，但值得欣慰的是，人们并没有忘记他为之奋斗的事业，尤其是在改革开放后，他的生平、为中医的生存发展所做的贡献及其学术思想，已经载入湖湘大地的史册，为后人所瞻仰研究！他1934年创建的湖南国医专科学校1960年改办为普通高等本科学校湖南中医学院，2002年湖南省中医药研究院与湖南中医学院合并，2006年经教育部批准更名为湖南中医药大学。其办学层次、各项教育功能、学科专业均在全国同类院校前列，成为省内最早拥有博士学位授权点的高校之一，成为了全国高等中医药院校首批招生华侨、港澳台地区学生和留学生的单位，并率先开办中西医结合临床专业，中医药事业的发展已获得了巨大的成就。湖湘的一代儒医，我的曾祖父吴汉仙九泉之下应该可以安息了！

于长沙

2019年11月19日

作者简介：吴冬祥，男，湖南省长沙市人，本科，1950年12月出生，系吴汉仙嫡亲曾孙。

吴汉仙论文及著作选登

欲讲世界医学当知气化为细胞之母、六淫为细菌之原

一、上篇

百川争流，派别支分，而竟委穷源，终归一本。欧美之医，競尚实质。生理解剖，详于细胞。而以气化为虚渺，病理解剖，精于细菌，而以六淫为谬谈。汉医高谈气化，专究六淫，辨证处方，应如桴鼓。至语以细胞之破坏而起变化，细菌之蕃殖而生障害。则惜焉弗知。日医东洞和田辈起而救之。阐发经方，明气化之可贵。而六淫之学，弃而不讲。是皆各执其是，锢守其偏，大同之学，乌可期乎。然天下事，万变纷乘，理原一致，急湍之下，必有深潭，高丘之下，必有峻谷。则欲统全球各国学说归纳于一途。吾知必有一定之真理，足以取信于世界，无已，请先言气化与细胞。

细胞之学，创自德医，气化之学，始于灵素。细胞者，有形之实质也，气化者，无形之元气也。欧美之学，注意实验。专究细胞、耻谈气化，彼盖以气化者为无形，非科学家所能察验也。不知太极未判以前，无形生有形，细胞实根于气化，太极既判以后，无形统有形，气化实宰于细胞。

曷言乎先天之气化与细胞也，昔巴拉氏谓人体为小宇宙，研究大宇宙之现状而应用于小宇宙（见《医界之铁椎》）。试以大宇宙言之，天地之生物也，必先有一种阳和之气，鼓荡于其间，而后勾者毕出，萌者尽达，发育而成万物。以小宇宙言之，男女之媾精也，必先有

一种氤氲之气，交感于其内，而后男子之精虫与女子之卵珠会合而成形体。易曰：天地氤氲，万物化醇，男女媾精，万物化生。可知先天之构造必先有无形之气化，而后有有形之细胞，所谓无形生有形，细胞实根于气化者也。

曷言乎后天之气化与细胞也？今之中央卫生部余岩氏（编者注：余云岫）极诋汉医之气化为不足凭也，然其论诱因曰：火之燃也，藉养气以发生热与力，而后能走车行舟，人身亦有燃，亦藉养气以发生热与力，而后能保持身体，运动百骸（见《余氏医述》）。余氏既谓百骸之运动，必赖养气，则百骸之中有细胞，独无气化以为运动者乎。余氏又言：飞机之上，空气薄，则呼吸促，大众之中，空气浊，则气息窒。小儿夜卧气闭者死，余氏既谓身体之生活，必赖空气，则身体之中有细胞，独无气化以为生活者乎。喻嘉言曰：天积气耳，地积形耳，人气以成形耳。惟气以成形，故气聚则形存，气散则形亡。修养家谓为祖气。气机一衰，则出入废，升降息，而涕、唾、津、精、汗、血、液七般灵物，皆成死质矣。所谓无形统有形，气化实宰于细胞者也。

抑尤有进焉。欧美之医，以气化为无形也，亦见夫有形之气化乎。鹰何故而为鸠，草何故而为萤，感春夏之气化也。雀何故而为蛤，雉何故而为蜃，感秋冬之气化也。仰观天文，俯察地理，感时物之变，形迹具在，信而有徵，何独至于人而有疑之乎？

且病之由于细胞者必分布于局部。病之由于气化者，必统辖于全身。然局部之病，实与全身有密切之关系焉。日医和田氏之言曰：凡人体中，一发一爪，亦非有局部独立机能，必神经与气质互相联络，始能为人体一小部分之机能。然不顾局部出于全身之关系。则本末不明，局部治疗之弊，尚可向乎？其继起者奥田氏，亦谓西医之基础医学，虽有堂堂之体系，而其研究远根本而走于枝叶，惟夸局部小工之精巧。其组织体制，虽斐然成章，其治绩则毫无足观者，非无故也（见《皇汉医学》）。观两氏之言，可知气化其本也，细胞其末也。偏执局部之病形，不顾全身之病变，其结果不至杀人不止。然则气化与细胞，其互相维系于吾身者，实有息息相通之感应也，故曰气化为细胞之母也。

二、下篇

气化细胞之说，已如上言。请更述六淫与细菌之关系。六淫者，风、寒、暑、湿、燥、火，即内经六气之谓也。六气火并于热，即为五运。汉医详论外因，必以此为要素。而中央卫生部余岩氏，作六气论。辨而避之。谓六气无致病之原，其病原实在细菌。并谓人身自有菌，如鞭炮之内藏火药，而六气则药线之作用也。如夫妇之怀孕生子，而六气则媒妁之作用也。噫！其理论之荒诞不经，不足深辨，但即其所喻者而究诘之。鞭炮无药线，必不能爆裂，男女无媒妁，必不能配合，细菌无六气，必不能致病。孰轻孰重？不待智者而知也。且六气之学，不特为汉医所重。东瀛学者，亦视为病理学之缺点，且欲起而研究之。日医和田氏曰：寒地之气候，多呼吸器病；暖地之气候，多消化器病；雪地多眼病，湿地多脚气病。大暑之后，继以大冷，大寒之后，继以大热。凡因气候变化所生之证候，余尚未闻于病理学也。谓为不完备，谁曰不宜？（见《医界之铁椎》）观于此言，则余氏之根据细菌，推翻六气，不特为汉医所言，且为日医所笑也。

夫细菌之发生与死灭，概与六气之变化为转移。故菌之生也，有根于一气以为之主者，有根于二三气之交感者。何谓根于一气也？东风鼓荡，适生害稼之虫。田家者流，皆所常见，是菌根于风也。仅渠之水，多生孖，而苦寒之地，亦产雪莲（亦有产雪蛆者），是菌根于寒也。炎夏溽暑，鱼肉馁败而蛆作，是菌根于暑也。感燥发咳，多成肺炎菌、喉风杆菌，每发于燥令时期，是菌根于燥也，物感湿而霉腐，人感湿而黄疸，霍乱病菌，多发于湿令时期，是菌根于湿也。此由一气以为之主也。

何谓根于二三气之交感也？夫天有六气，四季之中，虽各有一气以为之主。然亦有二三气错杂于其间。夏日酷暑，骤然下雨，寒气生焉，冬日严寒，久晴无雨，燥气生焉。六气之变化无常，而细菌即因而发育。譬之冬日造豆豉腐乳，必近之以火，然后发酵，酵菌类也。盖冬日，寒令也，豆豉腐乳，湿物也，近以火，则热气作矣，夫以一食物之微，必因寒、因湿、因热而后发生酵菌，则凡外界之细菌，皆可作酵菌观也。所谓二三气之交感也然则细菌之成立。必由六气中之二三气，而山中之菌可知矣。而空中之菌，体中之菌，更可知矣。

山中之菌，谷雨以后，湿令司权，立夏以前，温度适当，湿热交错，菌常发于春夏之交。溽暑既退，大火时流，燥湿交蒸，菌常发于夏秋之际，此非感六气中之二三气而成者乎。

空中之菌，随空气以飞扬，大兵之后，积尸遍野，腥臭难堪。然冬令闭藏，尚不为害，迨至春夏，热以蒸之，湿以蕴之，风以布之，郁而为戾气，发而为疫气，逐户沿村，酿成鼠疫白喉等症。西医所谓传染病也，此种菌类，虽不为六气所产生，然恶气逼人，实藉六气而益张其焰，此非感六气中之二三气而成乎。

至若体中之菌，亦因六气而后成。中西各医家历历言之矣。半龙许氏曰，细菌之侵袭人体，大都因六气之感触，致气血不和，而后细菌得以进展其势力，而殖民也。汝伟张氏曰：细菌为六气所化，六气和，则细菌不生。寿人徐氏曰：六气侵，则抗毒素衰，衰则细菌繁。即欧医沛登氏亦谓：气候不适于人类的生活，而适于病菌之发育，而后生病。日医求真氏亦谓：人体中之细菌，必先有此培养，其始来，此菌之寄生繁殖，非先有此菌，而后生培养基也。观各家之言，则知先有六气，后有细菌。六气为本，细菌为末，先后本末，断可识矣。

夫同一病也，中医治六气而效，西医治细菌而亦效者，此何故哉？

盖中医论病，系指病之起点与来源，西医论病，系指病之极点与现状。人感六气而生病，即由人身变化而生菌，直接者为六气，间接者为细菌。试观疟痢之初，苟认为风寒，即用表剂。则疟痢不现，失此不治。表邪内缩，则化为细菌，而疟痢作焉。西医以镜检查，但见有细菌，不见有六气，则所谓病之极点与现状，西医能知之，而病之起点与来源，西医不知也。然则细菌之病人，无独立之权，必假六气为进身之地，而后得展其发育之机，六气虽无产菌之权，而营养繁殖以遂其寄生性者，皆六气为之也，故曰六淫为细菌之原也。

临证决疑

——整理吴汉仙老先生医疗经验之二

湖南中医学院病证研究室　吴子明

岳阳吴氏医学，传至吴汉仙老先生，已历三世。凡疑难之证，诸医束手者，先生剖析微茫，常应指而愈。其决疑之关键，乃在于辨证求因，同中剖异，异中析同，自谓“临证四十余年，遇病理之微者，必再三审慎，以推究其原因，权变以治之，成效可决也。盖原因为证候之本，既得其本，则虽遇证候之万变纷乘，而我不为惑矣”。当时长沙名医余华龛氏称赞先生之据因剖析，“如犀照鬼，如锥画砂”，是“解决一切疑难之关键”，将其“质之国医，吾知必恍然大悟，如航海之得南针”，足见其影响之著。其所遗临证决疑资料，颇多匠心独运之处，对后学具有一定的启发作用。现谨将个人学习所得，介绍于下。

一、热证决疑

（一）发热非热

发热一症，临床最为常见，多由外感火热之邪，或七情郁遏，日久化火；或饮食积滞，蕴蓄成热等而引起。治以清热泻火，邪退正安。然而，有虽见发热，却非热实之证者，临床多有忽略。先生有鉴于此，指出：“身体发热之原因，有外感内伤之辨，外感之热，为邪气之实，六淫之侵，饮食之伤，自外而入者也。内伤之，为正气之虚，七情房欲，劳役耗神，自内而发者也。”发热非热之证，就是内伤之热所引起的。为便于临床掌握，先生按气血水火予以辨证，如“气虚之热，劳役伤神，元气受伤，阴火乘其上位，故处以补中益气汤而热自退，此甘温所以能除大热也”“血虚之热，阴血内亏，则阳气偏胜而为热，故处以知柏四物汤而热亦退，此滋阴所以降火也”“水虚之热，真水既涸，则虚火上炎，故处以地黄汤而热亦退，此壮水所以制阳也”“火虚之热，肾气虚寒，逼其无根失守之火，浮越于外而为热，故处以附桂八味汤而热亦退，此所谓导龙入海，引火归原者”。按其施用于临床，不仅疗效确凿，亦有提纲挈领、要而不繁之妙。

（二）口大渴非热

口大渴一症，病在阳明，大渴引饮，兼见大热、大汗出、脉洪大，为热邪入里，证属阳明气分大热；若兼大便不通，脘腹胀满疼痛，则为阳明腑实之证。不论在经在腑，二者均为热证，或清或泄，是治此口大渴之常法。先生提出，亦有口大渴而不属于热证者，其治法亦应为之一变，如“有房劳太过，肾阳被伤，此真水内涸而渴，宜六味补水；有泄泻既久，脾阳受困者，此津液下夺而渴，宜理中生津；有肾气虚寒，频饮热汤以自救，若小便既清，外见厥逆恶寒诸症者，当益火以消阴翳，所谓釜底加薪，津液上潮而渴立止也，宜附桂回阳”。对因真寒假热，阴盛格阳而出现的口大渴，先生更提出其独特的见解，他说：“审其元气，必用甘温，察其喉舌，又忌辛热，惟用甘温大剂之补，或独参一味，煎成汤液，用井水浸冷而饮之，以假冷之味，解上焦之假热，以真温之性，复下焦之真阳。”凡此种种，对口大渴而非热具体而微的分析，足见先生临床经验之宏富。

（三）小便黄赤非热

小便为津液所化，小便黄赤或为内热津伤，或因下焦湿热，正如先生指出的“小便黄赤，人共知为内热”。但小便黄赤而非热者，人所知则较茫然。先生谓：“余尝临证，察其非热者有五：有中气不足，不能通调水道者；有肾水大亏，由于泻利亡阴者；有寒盛于中，而阳逼于下者；有妄用渗利，而逼乾真汁者；有肾元不暖，而水无以化者。”同一小便黄赤之症，有“内热”与“非热”之殊，而“非热”之中，又分辨五种之异，可见先生辨证之精详。在治疗上，先生提出“审其脉症无火，则虽黄赤而兼涩，便当固本培元，不得以小便黄赤便断为热”。

（四）下利脓垢非热

下利脓垢，变化多端，先生因见当时医生，对痢疾里急后重，下利脓垢之症，概认为热，而“无不以攻逐为对证之疗法”“往往误治”，乃明确指出：“有因体气虚寒或久利不止者，虽同有下利脓垢，里急后重之症，亦系虚寒使然。”而此种“脓垢”“实为既败之精血，急进温补犹恐不及，更不能误认为热，而妄用攻逐，残伤正气”，当以“补土扶阳，方为正治”。证之临床，对一些“慢性痢疾”“慢性非特异性结肠炎”等，按此投治，效果较佳。

（五）烦躁非热

烦躁一症，《黄帝内经》中即已提出，后世医家论及此症，常认为系由火热引起，且以实证居多。成无己《注解伤寒论》中“烦为热之轻者，躁为热之甚者”，概以烦躁为热。

先生对此认为不够全面，提出“烦躁之症，有因于热者，有不因于热者”，须详加区辨。他以《伤寒论》中有干姜附子汤证，虽见昼日烦躁不得眠，乃阳虚阴盛，虚阳浮越之象；吴茱萸汤证，烦躁欲死系阴盛阳脱之危候；而茯苓四逆汤证之烦躁，则为“汗伤心液，下伤肾液，心肾不交，水火离隔，阳不遇阴而烦，阴不遇阳而躁”“他如结胸证具，烦躁者死；少阴病五六日，自利烦躁，不得卧寐者死，皆阴阳脱离之候，无关热之轻重”。对烦躁之属于热与不属于热者，详加辨析，从而进一步指导临床。

二、寒证决疑

（一）恶寒非寒

恶寒是寒证的主要表现之一，常因感受寒邪所致。先生指出，“有表寒、有里寒、有表里皆寒、有里热表寒、有表热里寒”等，“治者皆以去寒为急务”，此为治疗恶寒之常。然而有恶寒症状，却非寒邪所引起者，如“内真热而外假寒”“温病火亢已极，反兼水化，此阳盛于内，格阴于外，体温之热度，壅塞于血管之内，不能由肌肉而达皮毛，故呈此恶寒之假象”。如对此认识不足，辨证不确，“误投热剂，下咽即败”。对待此种恶寒，先生提出了自己的用药经验，“惟用承气汤以泄里邪，玄参、麦冬以滋阴液，生地、牡丹皮清血管之郁热，人中黄解脉络之毒质，则营卫疏通，热不内郁，而表邪自解”。此为治法之变，通常达变，“毋以去寒为急”，始可十全。

（二）口不渴非寒

口渴与否是临床辨别寒热的重要症状之一，先生对当时医生拘泥于“仲景太阳篇，以发热恶寒为伤寒，发热口渴为温病……谓伤寒初起不渴，温病初起口即渴”的观点，提出不同的看法，认为以口渴一定为热，口不渴则一定为寒，并不全面。渴与不渴有在气与血之不同，“热在气分，则津液被伤而口渴，若热在血分，则外邪既内入，潜伏而不动，故里虽热而口多不渴也”。对口不渴非寒的情形，他据自己的临床经验指出：“余尝见温病初起，误服桂枝汤，引邪深入血分，不能由气分而解，故人反恶寒而口不渴也”“又有热甚神昏，其始即渴，其后则不知渴者，此亦邪热深入血分之候。”“更有热邪挟湿，蕴积而为痰饮，停留在中，故虽里热而口不渴者，往往有之。”因此，他告诫医者：“不得以口不渴，而概认为伤寒”。

（三）小便清长非寒

《黄帝内经》云：“诸病水液，澄澈清冷，皆属于寒。”后世医家悉皆从之，均以小便清长诊断为寒。唐容川注此条曰：“上为涎唾，下为小便，其道路总在三焦膜膈之中，但据水液有澄澈清冷之状，即三焦大虚之候，故曰皆属于寒。”先生对此不拘执，不迷信，他大胆提出：“有不可尽拘者，余常临证，本系火热谵语，口渴索冷，及察其小便，反如清水且长者，更有清长而多泡子者，有热邪壅滞上焦，不能下行，则小便清利，至用清解之药，使热从膀胱下行，小便方变为黄赤者；又有热在血分，小便亦见清长。”对小便清长而非寒的种种情况举例说明。不仅如此，先生还从理论上阐述产生这种情况的机制，他说：“此证多见于少阴，……少阴上为君火，下为肾水，火亢于上，肾中之水阴，不能上济而往下泄，且火性急迫……逼其水阴，直走膀胱，不能化为津液，而但为清水……至谓尿多泡子，正如釜中之水，火盛则热气上腾而为沸也，是不得以小便清长，尽断为寒也。”

三、下法决疑

（一）脉绝之下

绝者，断也；尽也。《伤寒论》有厥逆无脉者，白通加猪胆汁汤；利止脉不出者，通脉四逆汤等脉证治的记载。无脉与脉不出皆为脉绝之属，其病机均系阴寒内盛，阳气虚衰所致。治疗措施“无非欲温暖肾阳，提振心阳，扶持胃阳，使生气得达于脉管而脉复”。

故医者凡遇脉绝之证，多用温阳之剂，而对下法视为畏途。

先生指出，脉绝一证温阳固属重要，然而亦有需用下法而救危亡者，如“温病脉绝，为内热亢闭，非阴脉可比。盖热伏少阴，君火亢于上，胃热积于中，肾脏之水阴亦被焚灼而将于下，则所谓脉始于肾，主于心，生于胃，各经之生气，皆以火郁气阻，不能外达于脉管，故脉多沉伏，甚至闭绝……惟用承气汤下之，里气一通，脉当复去……火逼脉伏，火散脉起而病愈者是也。”

同为脉绝，证有寒热之殊，治分温阳、通下之异。当温误下，阳气立绝；当下反温，阴气即亡。温阳常见而通下罕闻，故先生叹之曰：“非胆识兼优，不能见到耳。”

（二）体厥之下

《伤寒论》谓：“凡厥者，阴阳气不相顺接，便为厥。厥者，手足逆冷者是也。”据其症状之不同，有脏厥、蛔厥、寒厥、热厥等之分。先生对于厥证概归阴厥与阳厥两大类，其辨证纲领是“表里皆寒而为阴厥，症见四肢冰冷，爪甲青黑，腹痛拘急，下利除中，呕吐酸苦，冷厥关元”“里热表寒而为阳厥，伤寒、温病皆有之，亦属内热亢闭……体中之热毒，不能由里达表，故四肢多见厥冷。”阳厥而病情严重，甚至“遍体冰冷”者，先生称之为“体厥”。

厥因手足逆冷，恶不知人，临床表现比较危重，故张景岳谓厥逆之证为危证也，而体厥之身冷较他厥尤为严重，医者不明“热深厥亦深”之理，误作寒极，投以辛热，致令责事。

先生对于体厥的治疗，有其独特的经验：“轻则用增损双解散（僵蚕、蝉蜕、薄荷、防风、黄芩、黄连、栀子、连翘、石膏、大黄、归身、白芍、姜黄、滑石、桔梗、甘草、白蜜、黄酒兑服）；重则使用解毒承气汤（黄芩、黄连、黄柏、栀子、大黄、枳实、厚朴、玄明粉）斟酌下之。”用下法治疗体厥，先生犹恐医者学识未达，不敢轻投或半途而成，乃强调：“此证九死一生，若数下后厥不回者必死，亦有下数十次厥方回而得生者，须知因下而得生者有之，不下而得生者，未之有也。”于此，不仅看到先生学识之广，经验之富，也给后学决疑用药点明了方向。

（三）苔白之下

察舌望苔是诊断疾病的重要手段之一。苔色主要有白、黄、灰、黑四种，一般认为白苔常见之于表证、寒证。先生对于白苔观察细致，指出“伤寒邪在皮毛，初则舌有白沫，次则有白涎白滑，再次白屑白疱，有舌尖、舌中、舌根之不同，是寒邪入经之微甚也”，苔白而议下，实有引邪入里之虑。然则先生并不拘泥于此，提出虽属白苔，却用下法的理由：“若系温病，舌苔白而薄者，法宜疏散；薄白而干者，是肺津已伤，法宜清润；厚白而燥者，是邪已入腑，法宜攻下，承气汤利之。”不仅如此，先生还提出自己的经验：“察其脉实便秘，舌苔厚白而燥，便当议下，更有舌苔白如积粉、白如砂皮，皆因津液干燥，邪虽在胃，不能变黄，此宜急下，不得以伤寒舌白误之。”可见先生对白苔议下，不仅有理，而且有据。

（四）下利议下

既见下利，止涩犹恐不及，何以更议以攻下之法治之？先生对此总结自己的经验说：“有下利反宜攻下者，其证有二，伤寒、温病皆有之。一名协热下利，病人平日或泻，热邪乘胃，便作烦渴，午后潮热泻作，子后热退泻减，以增损大柴胡汤（僵蚕、蝉蜕、薄荷、柴胡、白芍、陈皮、姜黄、黄芩、黄连、黄柏、栀子、大黄、枳实、白蜜、黄酒兑服）撤其余邪，而利自止；一名热结旁流，由胃实热闭，续得下利，清水无粪，日三五度，或十余度，加味六一厥气汤下之（黄芩、白芍、红胡、大黄、玄明粉、枳实、厚朴、铁锈、甘草，加入黄连、僵蚕、蝉蜕、白蜜，黄酒兑下），得结粪而利自止。如下后仍水无粪，此因大肠邪深，药力未到之故，再以前药重下之，虚甚酌加人参、山药、当归、熟地之类。盖血不亡，气亦不散耳。此即所谓治泻还加泻之意（即所谓通因通用），不得以发表、清里、温中（止利）诸法误之也。”

四、诸脉决疑

《黄帝内经》说：“善诊者，察色按脉，先别阴阳。”能分清阴阳，才能把握疾病的实质，可见脉诊在临床上的作用之重要。自晋王叔和《脉经》问世以来，有关脉学的专著，代不乏见，至今通俗而流传较广，如《濒湖脉学》《三指禅》等，对各种脉象及其主病，都做了高度的概括，然则所言多只强调其常，而忽略其变。先生据自己的临床经验，详审细辨，同中求异，决疑解难。

（一）脉浮非表

浮脉主表证，浮而有力为表实，浮而无力为表虚。先生对浮脉辨之颇详，谓：“脉浮本主表证，然亦有主里者，如中气亏损者，脉必浮大；阴血受伤者，脉必浮大；火盛水衰者，脉必浮大；关阴格阳者，脉必浮大。”属表当以解表为先，属里虚之证则忌表，否则即犯“虚虚之戒”。故先生强调“不得概以浮大为表”。

（二）脉沉非里

沉脉主里证，有力为里实，无力为里虚。先生指出亦有沉脉不主里证，而主表证者，“如寒束皮毛，阳气为阴邪所蔽，脉多不能外达，多见脉沉紧而数”。治当发汗解表、驱阴复阳，若误因见沉脉而按里证投治，则阳蔽愈深，阴邪愈甚，病情更加严重。

（三）脉迟非寒

迟脉主病为寒证，迟而有力为冷积，迟而无力为阳寒。先生谓迟脉“亦有主热者。凡温病热郁于内，尚未外达，多见脉迟；病后余热未消，脉多迟滑”。先生更引《伤寒论》“阳明病，脉迟，不恶寒，身濈濈汗出，大承气汤下之”为例，说明对待迟脉也应区别其寒热属性，“不得概以迟脉为寒”而论。

（四）脉数非热

数脉主热证，有力为实热，无力为虚热。先生则指出数脉“亦有虚寒者”，因“邪盛脉数，正虚脉亦数”。且谓“余尝见虚损脉数，喻为水浅鱼急，多主不治。盖虚损之脉，无论浮沉大小，渐缓则有生意，渐数则渐入死门，若弦细而再加紧数，则真元已尽，百无一生矣。”对数脉及其预后的推测，实属经验之谈。

他如脉象“弦强非实”者，先生指出是“胃气已尽，脉反弦强”，而其特点是“按之必无根，自与实火有异，此为真脏已见，法在不治”。而“微弱非虚”者，是因为有的人“禀赋如是”“不能概认为虚”，对邪实而见微弱脉者，先生结合自己的经验说：“余尝治疫，每见热伏少阴，脉反微弱无力，且如欲绝之象，此系由热亢闭，气不达于脉管也。”对此“宜舍脉从证，斟酌下之”，不能误以为虚而不敢投药。

五、小结

吴汉仙老先生临证决疑的经验十分丰富，从他提出的一些学术观点就可以发现，先生对博大精深的中医学理论的掌握已入化境，所以才能启发玄机，言中肯綮。他的这些学术经验对临床决疑解惑有很大的实际意义。

今天我们重温这些资料，首先要注重学习先生的思维方法，做到师古不泥古，离经不悖经。先生的学术观点，许多是取自前人，但又不同于前人。先生的发扬是在前人基础上的发扬，而非凭空臆造。但先生并不拘执一家之言，因能博取众家之长，所以临证才有此独到见识。

其次，我们应学习先生重视临床、重视实践的精神，把书本理论和前人的经验，通过自己的临床，不断证实，不断修正，最终转化为自己的知识，形成自家的观点，促进中医药事业的发展。同时，我们还要学习先生锲而不舍、细致入微的治学精神，比如，正是由于他对白苔的深刻认识，所以能有理有据，大胆地提出何时应该使用下法，方能取得满意的疗效。

但是，我们对待先生的经验，必须有一个明确的认识。先生在决疑时，常突出地提出某证、某法、某方等，实际上是他经过全面的观察分析后才提出来的。每一个论点，皆有其前提，如“发热非热”，并非指所有的发热都不是因热引起。因此，我们不能孤立地学习一方、一法，强调一个观点，否则，不仅不能很好地继承先生的经验，还很可能造成不必要的损失。

最后，应该指出的是，先生所处的时代，以及他个人临床经验的局限性，不可能对所有问题的认识都很正确。如他提出“阴虚火盛，津液由枯，三焦如焚，二便秘结，多见舌裂唇焦，大渴喜冷，惟先以冷水解其标，继以甘温培其本”，既为阴虚火盛，津液由枯，复用甘温培本，就欠妥当。

以上仅就个人学习、整理先生经验时的几点体会，提出自己的看法，但因学力未逮，错谬定多，敬希同道指正。

运用吴汉仙经验拾零

湖南省岳阳市岳阳县荣家湾镇鹿角卫生院　王三森

已故名老中医吴汉仙（1876—1948年），通晓岐黄，行医40余年，积有丰富的临床经验，尤长于治疗疑难杂症。晚年著有《医界之警铎》（以下简称《医铎》）一书。笔者研读该书，觉匠心独运之处颇多，用于辨证破疑，每可收效。现将运用吴老经验治疗疑难杂病，列举三案，望同道赐教。

一、大黄不伤胎

陈某，女，25岁，营业员。1986年7月15日初诊。患者从1984年起2次妊娠均在2~3个月流产。此次从妊娠40天起，为保胎服寿胎丸（汤剂）加味80余剂。现已妊娠4个月，近周来觉尿频尿急，大便3天未解，从胃脘至少腹胀痛拒按，腰痛如折，阵发性加剧，脉沉滑有力，舌质红、根部苔黄厚而干。症属湿热迫结下焦，胎动不安。法宜清热安胎，投五淋散加味：当归15g，白芍15g，茯苓20g，生地黄20g，淡竹叶10g，黄芩15g，炒栀子10g，生甘草10g。2剂。17日二诊：尿频尿急得减，但腰痛如故。究其因，属累进滋补养胎之品，阳气内盛，加上炎热之天，又嗜食辛辣，火邪内干，内外互结，而致邪热蕴于肠胃之阳明腑实证。宗《医铎》大黄可以安胎之旨，大胆处以承气汤加减：熟大黄（后下）10g，枳实10g，厚朴12g，炙甘草6g，生地黄20g，白芍、当归各15g。服2剂大便得下2次，腰腹痛去其大半，继用清热安胎药调理3剂，母子无恙。

按：此案胸腹胀痛拒按，小便频急，大便秘结，因碍于患者滑胎，不敢进用大黄，故收效甚微。后索《医铎》读之，遵其“邪气与胎，势不两立，邪气盛则火毒内逼，胎自无容身之地，势必随之而堕矣，若用承气逐去其邪，则炎热顿化为清凉，邪即退而胎自固，反见大黄为安胎之圣药也”之旨，大胆用之，而收桴鼓之效。《本草纲目》谓：“大黄有下瘀血、血闭、通女子经候”的功能。然用大黄安胎，必具有肠间积热，腹胀满之指征。非下不可时，也应适可而止，方可达祛邪安胎两全之效。

二、龙胆草解痹

何某，女，42岁，农民。1986年4月5日诊。患者四肢麻木、疼痛尤以下肢为重，坐立不安已4个月。经他医用薏苡汤、独活寄生汤、苍术白虎汤及西药泼尼松、吲哚美辛等药治疗，症状时轻时重，缠绵不愈。诉臀部及大腿内侧瘙痒奇甚，局部皮肤溃破流水，白带多而黏稠，色黄气臭，便结溺黄，口苦，食纳不振，诊脉滑数有力，舌质红、苔腻黄白相兼。据脉证辨为湿热久羁，外患肌肤，内结经隧。宗《医铎》龙胆草可以解痹之旨，投龙胆泻肝汤加减：龙胆草、黄芩各15g，桑枝、白鲜皮各30g，威灵仙根、木通各12g，车前子15g，川萆薢、生甘草各10g，晚蚕砂30g。5剂。头二煎内服，三煎加苦参100g煎洗。4月12日二诊，四肢麻木、疼痛大减，守方稍出入20剂获愈。

按：风寒湿三气合而成痹，风胜为行痹，用防风汤；寒胜为痛痹，用乌头汤；湿胜为着痹，用薏苡汤，已为医家常用之法。但笔者临床常见痹证初起，往往因症轻失治者多，医者对痹证初起湿热不显者，用温经祛寒止痛者亦多，久而久之化热伤阴，邪结经隧不解，而生麻木疼痛之症。《医铎》云：“四肢走痛，多系风热阻滞经络，舒驰远所谓着痹行痹，皆由火旺阴亏，邪结经隧是也。辛温之品，促热动风，恐难进用，余治痹痛，察其脉证，果系风热相搏，即易辛温为辛凉，甚则进以苦寒，症之轻者，养血清热，息风活络。

症之重者，必用龙胆泻肝汤，以胆草泻热搜风而痛可立止”，此案病因病理证治相符，故收效甚捷。但对湿热象征不显者，不可妄投龙胆之剂，以患恋邪伤正之弊。

三、口大渴非热

任某，男，65岁，农民。1985年5月10日诊。患者口渴引饮，伴寒颤厥逆呈间歇发作已2年。自诉每月发作3~4次，每次约半天自止，发作时寒战难忍，虽厚衣重被不解，口渴引饮，不论冷热，多达5升左右仍不能自救。多方诊治，汤药罔效。诊见面色苍白，言语轻微，头晕乏力，心悸如捕，食纳不佳，大便干稀不调，尿频色清，舌质淡红、苔薄白而干，脉沉细无力。究其因，患者始于先天不足，年轻时体质虚弱，加之晚年久病，种种斫伤，而渐致肾气虚寒，元阳不振。故外见厥逆寒战，内见饮水自救。法宜益火以消阴翳，投附子汤加味：熟附片（先煎）20g，白术、茯苓、白芍各15g，红参（另煎兑药服）9g，酸枣仁、炙甘草各10g。5剂。6月2日二诊，患者喜告从前次服药后，寒战未再发，口渴已减八九，脉较前有力，舌质转红润，服附桂八味丸调理善后，随访至今未发。

按：大渴大饮，病在阳明，用清泄法取效者诸多。此例虽寒化证俱全，但大渴大饮每次饮水多达5升仍不能自救，且又呈间歇发作，并半日自止。笔者思虑再三，终是医理难明，不敢进用热药。后宗《医铎》“肾气虚寒，频饮热汤以自救，小便清，外见厥逆恶寒诸症者，当益火消阴翳，所谓釜底加薪，津液上潮而渴立止，宜附桂回阳”之旨，投以附子汤，并加大附子用量以温真元之本，加酸枣仁益心气，加炙甘草于苓术之中以增强健脾和中之力，使釜底有薪，釜中有物，阳气得旺，水津得布，故收寒战愈、口渴止之奇效，实为临床鲜见。

来源：《湖南中医药大学学报》1988年第3期

论民国中医药文献的史料价值

——以《医界之警铎》为分析个案

南京中医药大学图书馆　刘小兵

摘要： 民国时期是中国历史上一个极为短暂的时期，其间产生了大量具有鲜明时代特色的中医药文献。它们除具有很高的学术价值外，还具有相当高的史料价值，是我们研究民国医学史及其他相关历史的第一手资料。本文以《医界之警铎》为例，剖析民国中医药文献的史料价值。

关键词： 民国时期；中医药文献；民国文献；史料价值；吴汉仙《医界之警铎》。

民国文献是指1912年辛亥革命成功到1949年9月中华人民共和国成立之前在我国出版的图书、期刊、报纸。民国时期是我国从古代社会向现代社会转变的一个特殊时期，新与旧、中与西的各种社会思潮在这一时期内汇集、碰撞，形成社会转型期的一道特殊的文化景观。在医学领域当中则是西方医学在我国确立主导地位、医疗体制发生根本性变化的历史时期。西方医学大规模地传入，形成了国内中医、西医两种医学体系并存的格局。

但在当时全盘西化与唯科学主义社会思潮的影响下，从民间特别是国民政府两个层面上都出现了否定、废止中医的言论和政策，中医面临被消灭的危险。而与此同时众多中医学家著书立说，为中医的生存和发展进行顽强的抗争。民国时期出版的中医药文献是这个时代中医生存状况与中医界的抗争和艰难发展的真实写照，具有相当的史料价值。

史料就是研究历史来源的资料，可以理解为各种载体上的文字材料、声音和影像资料。文献的史料价值就是可以作为历史凭证载入史册，史料价值是多层次的，凡能载入全国史、行业史、地方史、社会发展史的文献内容都可以说具有史料价值。

本文选择民国期间具有代表性的湖南著名中医学家吴汉仙著《医界之警铎》为例，剖析民国中医药文献的史料价值。

一、吴汉仙与《医界之警铎》

吴汉仙（1876—1948 年），字捷三，号柈湖医叟，湖南岳阳人。17 岁补博士弟子员。从祖父吴南塘学医，尽得其传，曾做过军医，1928 年悬壶于长沙市。先后与同仁创办国医讲习所、国医专科学校、国医院。曾任湖南国医分馆馆长、湖南国医专科学校副校长及校长、湖南《长沙卫生报》社长、《医药月刊》编辑部部长及主编等职。

吴汉仙编著的《医界之警铎》，全书分上、中、下三篇。上篇《西医正误录》专就《余氏医述》《皇汉医学批评》中的论点，辩而辟之。中篇《中医破疑录》，倡导中医原因疗法并以其数十年治验为依据，剖析临床疑惑者及迷乱征象。下篇《国医存亡公理》专为挽救国医国药，以防文化侵略、经济侵略而设。此篇多为抗争文字及抗议文告，集中反映了吴汉仙慨然捍卫中医学为己任的坚定立场。

现存版本：① 1931 年长沙湖南印书馆铅印本；② 1934、1936 年湖南中西一家医院铅印本。

二、《医界之警铎》史料价值分析

（一）是捍卫中华传统文化的见证

1916年余云岫发表《灵素商兑》一文，1917年印成单行本，随后收录在《余氏医述》之中。自该文发表后废止中医思想逐渐成为近代中国医学史上一个派别的主导思想，对民国时期卫生行政和医学教育等方面产生了消极的、深刻的影响，并成为民国历史上历次大规模中医抗争浪潮的主要根源。

在这场关于中医存废的激烈论争中，吴汉仙清醒地认识到“中西医学之争，即中西文化之争”。他在“湖南过去二十年之国医运动”一文中写道“然医与文化，实不可分。毁国医，即所以毁文化”这在当时也是相当难能可贵的。

在《灵素商兑》一文发表后的十余年间，中医界“对余氏所著各书，皆以为理论太偏，多置之不理”，以至于余氏扬言“海内旧医莫敢与之作旗鼓相当论战”。而吴汉仙认为“《余氏医述》一书，毁我圣经，辱我先哲，直欲举数千年文化，扫荡无存，国未灭，文化先亡……吾则以是书之出，不特影响于文化，且将影响于经济，极其祸，足以亡国而有余，乃著《医界之警铎》痛矫其弊。”

该书上篇《西医正误录》“专为补救余岩氏一偏之理论而设。余氏醉心欧化，狂诋国医，其刊物分布海内，麻醉青年，流毒社会，于兹有年，及察其理论，多与事实不……故是编专取国医经验所得之事实，与西医研究所得之理论，以正其误点。原欲藉以解释青年麻醉，挽救社会流毒也。若认为意气作用，徒与余氏较短论长，作无谓之攻击，非是编本意也。”故吴汉仙在本篇中分列27个专题，以正余氏之误。如“论《余氏医述》以伤寒为瘟疫之误”“论《余氏医述》六气论间接原因之误”“论《余氏医述》专取动物实验以概人类之误”“论《余氏医述》误指国三大谬之一、之二、之三”等。

在吴汉仙的带动下，当时湖南名中医罗振湘、易南坡等纷纷撰文著书，痛揭余氏书中的荒谬之点，最终使作为中华传统文化之一的中医得以保存。

（二）是中医界反对取消中医斗争的历史见证

民国期间，北洋政府与南京国民政府相继出台了一些废止中医的措施，随即全国中医界为维护中医的合法权利奋起抗争，如针对“民国癸亥（1923 年）广东内政部长徐绍桢，取缔国医，不遗余力。乙丑（1926 年）冬月北京教育总长汪伯唐……决定废止中医药，不准中医加入学系”等措施，“山西医学公会徐相宸等上书力争，各省相继纷纷具电。四川、重庆医学公会邹趾痕等，传檄声讨并请分设诊院，划分三路战线，与西医宣战。其檄载第一路为气化病之战争、第二路为气化兼形质病之战争、第三路为形质病之战争”。

1929 年 3 月 2 日余云岫主编的《社会医报》出“中央卫生委员会特刊”正式公布“废止中医案”，这是其借助行政手段彻底消灭中医付诸实施手段。“于是上海中医协会发起否认之通电，召集全国代表大会，到会者 17 行省，132 团体，272 代表，于 3 月 17 日成立上海全国医药团体总联合会，以与西医对抗。而医药界外反对者，有上海八区党部之电，有全国商会之电，有中华国货维持会之电，有幸福报馆之电，有南洋群岛华侨八百万代表之电，一时全国震动。”所有这些都是中医界抗争的真实记录。

（三）是捍卫中医教育权利的见证

中医教育是关系中医药事业能否存在和发展的关键，因而成为存废双方历次斗争的焦点。1930 年 3 月，国民政府教育部、卫生部下令禁止新办中医学校，强令原有中医学校一律改称学社，禁止中医学校招生。而作为半官半民性质的中央国医馆也分别于 1932 年和 1935 年下令将浙江兰溪中医专门学校和湖南国医专科学校改为学社。将学校改为学社的实质是将中医教育排除于教育系统之外。这件事在全国中医界引起轩然大波。“自中馆改校之通令发表后，本省医药同仁，金以此举，实为国医生死关头。”身为湖南国医专科学校副校长的吴汉仙立刻发表“湖南医药界一致否认中馆改校称社通电”。文中明确地指出：“学社为私人讲习之所，学校乃培养人才之地，学社为独立之研究所，学校为有系统之组织。今中馆改校为社，已示放弃学校之主张，承认国医无设立学校之资……故敝省同仁，绝不能承认。”同时严厉批评了中央国医馆“教卫部消灭国医之主张，在中馆自应反抗，今不特不予反抗，转为教卫代庖，实施其消灭国医之工作，则国医之亡，不亡于教卫两部，实亡于中馆诸公也。”随后该通电“分布全国，旋得上海、天津、香港、湖北等处，一致响应”。最终在不到 1 个月的时间里中央国医馆以训令（医字第三五五〇号）形式，同意湖南国医专科学校不再改社，同时也未再要求其他中医学校改称学社。这项斗争以中医界的胜利而告终，捍卫了中医教育的权利。

正是这场抗争的胜利，使得 1934 年春季开办的湖南国医专科学校得以继续招生办学，并培养了一批批著名的中医人才，如任应秋、谭日强、夏度衡、易建纯、李新华等。该校 1941 年停办，1960 年在原校的基础上建立了湖南中医学院。

（四）是争取中医在法律、行政方面平等权利的见证

1933 年 12 月 15 日召开的国民党立法院第二届法制委员会第 43 次会议上《国医条例（草案）》获得通过，并易名为《中医条例》。其主要精神一是授国医馆行政权，二是国医与西医平等。这个条例从内容上看，给予了中医在法律、行政、教育上的合法权利，对中

医的生存和发展是有利的。然而在《国医条例（草案）》审查过程中，就遇到一贯反对中医的行政院长汪精卫的阻挠，他在给孙科的信中写道："此事不但有关国内人民生命，亦有关国际体面，若授国医以行政权力，恐非中国之福。"该信内容被披露后，引起全国中医界的公愤。吴汉仙于1935年代表湖南中医界撰《呈请中央执委会讨论汪院长（精卫）阻碍〈国医条例〉文》。文中对汪氏提出的种种谬论从医药卫生保障、国家经济等方面进行了有力的批驳。"然西医未入中国以前，何以中国人民，繁殖至四万万，人口之多，已占世界第一位置乎？……国医之学，已成国际化……中国医学，行将普及于全球，而不独容于我……苟如卫生行政，上自省府，下至乡村，概用西医西药，则西药人口，每年耗我巨金，已达四万万以上，今后销数，当十百倍于四万万元之数矣……设一旦国际发生变化，则外人之攻我者，不须武力，但禁绝西药供给，则我四万万同胞，皆将束手待毙，不但亡国，直可灭种。"最终在包括吴汉仙在内的中医界的不懈抗争中，终于在1936年1月22日正式公布《中医条例》。

（五）是创办现代中医学校及中医医院的见证

20世纪30年代是我国中医办学教育高潮时期，这不仅是因为办学校是与废止中医派进行抗争的积极方式之一，更重要的是现代中医教育在整个中医事业所处的重要地位越来越明显。

对于当时社会上存在的"不察国医之原理与实验，但以不合科学，为无存在之必要，而醉心欧化者，复乘间而中伤之，则国医无立足之地"的残酷社会现实，吴汉仙意识到开办现代中医教育的紧迫性，故"协议集资，倡办国医专科学校，以培植医学人才"。对此吴汉仙代表湖南长沙市国医公会于1929年撰《呈湖南省政府创办国医讲习所并图书馆文》。文中从"以发扬文化、保我华民"的角度出发，从"气化足以救细胞之偏""六淫足以救细菌之偏""国体宜尊""国情宜顺”“国产宜殖”“国基宜保”六个方面阐述了开办讲习所培养中医人才的原因。其中在“国体宜尊”中指出“中西医药，各有短长。西医之学，果足以补中医之短，吾当吸取其精华，归为国有，此化西为中也。但若依附他人之学术，即欲推翻本国之医药……悉归于他国而有之，此化中为西也。化西为中，是谓兴国，化中为西，是谓亡国。”同时吴汉仙指出图书馆在办学中的重要性“讲习之首要，先在图书馆”。这与现代高等教育中认同的图书馆是高等学校办学的三大条件之一的认识是一致的。最终该讲习所“嗣蒙省府批定，准予维持”。

吴汉仙也看到了中医教育要顺应时代的发展，在传统的中医教学中也应引进西医课程培养现代中医药人才的重要性。他在《欲救我国医药之危亡急宜采用科学方法而谋根本上革新之建设》一文中指出“然则救亡之道，非进以科学化之改良，别无挽救之一法。愚以为今日之医学，宜择有中西医学智识者，采用科学方法，医学则以系统为前提，药学则以实验为根据，系统暂列各门：生理学、病理学、诊断学、药物学、男女内外各科学。实验宜设药品陈列所，并化验场，以互相考……以科学方法，整理国学，以国学精神，运用科学。”

这些都见证了以吴汉仙为代表的近代中医学家创办有别于传统中医师徒传承方式的现代中医教育的理念和思路。

随着近代西医大规模传入，西医院日趋增多，中医在城市人口的医疗服务中已不再是主角。而中医医院在中医现代化研究中占有举足轻重的地位。在当时西医大肆攻击中医不科学的社会环境中，大力发展中医医院这样一种集医疗和科研于一体的机构也迫在眉睫。

1932 年，吴汉仙与刘岳仑等人在长沙首创湖南国医院。为此撰《筹设湖南国医院募捐启》一文呈给湖南省主席何键，指出办国医院“一以绵先圣之绝学，一以保中土之特产，关系民族存亡，至为紧要”。何键阅后大悦并且“首捐洋壹万元，继捐八千元，亲予署名募款”。最终医院在沙河街56号成立，定名为湘省国医院。它是目前国家重点中医院——“湖南省中医院”的前身。

（六）是创办中医报纸杂志扩大中医宣传的见证

报纸杂志作为传播媒介，对大众的影响力不可忽视，也是近代中西医论争中至关重要的工具。吴汉仙对于媒体舆论的影响力也深有感受，“纸公文，较胜雄兵十万，废校称社之通令取消，其明证也”。

由吴汉仙独资创办的《长沙医药》月刊是同废止中医派进行抗争的舆论阵地。如对于民国“行政院废改中医学校之训令，本社同仁，一致否认”，且于1933年该刊第四期特办《湖南医药界救护国专号》刊发《驳中央卫生部废止国医决议案通启》。在当时对中医生存发展极为不利的社会环境中，吴汉仙要求“本社同仁，亦当本大无畏之精神，急起直追，力挽狂澜于既倒。至若整理旧学，采纳新知，扬我国光，保我民族。”

对于“一般讲卫生者……但知以清洁为重，对于吾国固有之精神卫生，弃焉不讲”的社会现实。吴汉仙在“致湖南卫生实验处龙处长伯坚书”一文中提出创办“长沙卫生报社”的想法并明确该报“以发扬吾国固有之精神卫生，与现代之物质卫生，相辅而行”作为办报宗旨。用“专以宣传卫生为唯一使命”的办报理念来宣传中医传统养生之道。在内容上并非排斥西方医学，而是“取彼之长，补我之短，融贯中西，以期实用。故于未病之前，双方采纳……于即病之后，则专以四季时行……每期特发专刊，使大众知所以调治”。这反映出吴汉仙科学严谨的办刊态度。

该报的创办及发行取得了相当好的效果。“长篇伟论，邮电纷投……他于首都北京、上海、广东、台湾各报之积极宣传，香港、福建及本省衡阳、湘潭之请设分社……省会公安局，亦分令四区和署，督促推行，以示提倡。”在创办 1 周年进行改组时，吴汉仙仍要求该报“将见本宣传之效，能由个人卫生，达到公共卫生，且由长沙一隅，而普及全省，普及中国”为奋斗目标。

（七）是捍卫中医理论体系的见证

余云岫的《灵素商兑》率先向中医基础理论宣战。该文“痛诋阴阳五行、十二经脉、五脏六腑之妄。”对阴阳、五行、脏腑、经络等中医基础理论进行猛烈抨击，动摇了中医赖以生存的基础理论。

要捍卫中医的生存和地位，最重要的就是必须认清中医基础理论的本旨，而吴汉仙以“阴阳气化”来概括中医理论的本质与核心。他主张气化与形质并重，不可偏废，阴阳气化是中医学的精髓。他撰写的《发扬我国气化之学理为治虚损之方针》《欲讲世界医学当知气化为细胞之母六淫为细菌之原》《为摧残阴阳气化案告湖南国医专校全体学生书并讲演词》《气化生菌气化杀菌之原理》均是捍卫中医气化学说之力作。

1933 年 6 月，中央国医馆给各分馆下发了统一病名的相关方案。这些方案多依傍西医病名且有强令全国中医限日使用统一后的病名措辞，立即受到多数中医反对。吴汉仙也即时地指出“主持医政者，复偏执科学名词，以混合为统一，削足适履”。随后他以湖南国医学会执监委员会名义撰《呈中央国医馆厘定病名及系统确定整理方针以立改进基础文》。他在文中反复强调：“提倡国医，自应以中国病名为主体，而附以西说，即令降格相求，中说之所无者主以西说，西说之所无者主以中说，犹不失折中办法……欲统一病名，自当体中用西，使国人先务其本，次求其末，而后相得益彰。若体西用中，自灭国学。”从而在这场统一病名之争中避免了丧失中医之本，维护了中医基础理论。

除上述外，该书中其他如《湖南省国医学会第一届会员大会宣言》总结了该会自成立后1年来的工作。湖南过去20年之《国医运动》也让我们看到了自民国十四年（1925年）至民国二十三年（1934年），该省中医界创办刊物、创办学校、开办医院等相关的活动。如1934年为抵制湖南省卫生实验处制定的《湖南省卫生十年计划》而赴民政厅请愿史实，是我们了解民国时期湖南的医学史的不可多得的材料。还让我们看到了中医前辈们关于中医现代化的思考："今日国医所负之使命，非谋复古，在求所以现代化耳，其最终之目的，在使中西文化合流"。

三、结尾

民国中医药文献相对于中医古籍文献来讲，数量要相对少一些。但是民国中医药文献的内容之丰富、时代特色之鲜明，都是历代中医药文献中罕见的。目前在民国中医文献的研究中，多数学者关注的是其学术价值。相比之下，对其内容中所蕴含极为丰富的史料价值则显关注不够。因此重视和研究民国中医药文献的史料价值，应成为中医药研究者及其他相关学术领域研究人员的共识，通过对其研究和利用更好地服务于当今社会。

参考文献

[1] 陈作明.论文书档案的价值鉴定[J].档案学通讯，1996，(6)：9-14.

[2] 刘炎美.名医吴汉仙为捍卫中医奋斗不息[J].湖南档案，1990，（1）：44-45.

[3] 吴汉仙.医界之警铎[M].刻本.长沙：湖南中西一家医院，1936.

[4] 薛清录.中国中医古籍总目[M].上海：上海辞书出版社，2007：865.

[5] 邓铁铸，程之范．中国医学通史：近代卷 [M]. 北京：人民卫生出版社，2000： 130- 152.

[6] 张效霞．无知与偏见——中西存废百年之争 [M]. 济南：山东科学技术出版社，2007： 134.

[7] 湖南中医药大学第二附属医院．湖南省中医院的前世今生 [EB/OL].（2009-10-29）[2010-7-5] http：//www. hunanzy.com/yywh_news_ show. asp? class= 8&id= 133.

增补药性赋

吴汉仙

一、补寒性赋

鸡冠花治崩带兼止赤白之痢；
龙胆草除湿热更清肝胆之邪。
孩儿茶涂疮清膈；
慈菇果攻血下胞。
剪草疗疥疮之毒；
钩藤治瘛疭之风。
猫儿刺补肾肝，更消烦渴；
马齿苋医淋痢，并涂恶疮。
青蒿清暑气久疟久痢兼疗；
紫草去热邪凉血活血并用。
白头翁泄肠胃之热，最能坚肾；
白鹤仙化咽喉之骨，大可涂痈。
豨莶草止骨痛，更主四肢麻痹；
雀梅叶消便毒，并疗两乳疮痈。
散脏火无如青黛；
凉血热当用白薇。
益母草铃儿草可消疔肿；
鱼腥草马鞭草均治恶疮。
芭蕉根解热狂为产后血胀之用；
蔷薇根消便毒实口中疮痛之需。

苏木去产后之败血；

秦皮治腹中之带崩。

冬葵子下乳滑胎通津液而消水肿；

夏枯草解热破结治瘰疬而散痈瘤。

金凌亦号醴肠最能补肾；

金星又名凤尾大可敷痈。

瓜蒂吐风热之痰；

芦根治火热之呕。

五倍子研末敷脐治盗汗以如神；

万年青捣汁灌喉吐热痰而立效。

密蒙花明目之剂；

山茶花凉血之方（茶花外用麻油调敷火疮，内服 3~5 钱）。

苦参祛湿热明目利窍治肠风；

漏芦治痈疽下乳通经医尿血。

赤白敛杀火毒而散气结；

大小蓟消痈毒而止血淋。

土瓜根利大小肠尤堪下乳；

石莲子治噤口痢并可通淋。

胡莲治疳热之圣；

甘遂退水肿之宗。

蒲公英治疔毒而疗乳痈热淋亦妙；

大青叶解斑毒而退胃火热痢尤宜。

榆白皮滑胎产而治乳妒（捣汁敷能滑胎，调醋敷治乳妒，内服 3~5 钱）；

胡桐泪治喉热而杀牙虫。

芦荟可敷齿慝；

茼茹主治血枯。

夜明砂去目中之翳（加决明子、猪肝同煎煮）；
海金沙通血中之淋。
藜芦能吐痰涎，风痫可治。
棕榈能医崩带，血痢兼疗。
雷丸专杀积虫。
楮实可消水肿。
天竺黄明目豁痰疗客忤惊痫之剂；
地松根破血解毒治乳蛾喉痹之方（地松根即杜牛膝）。
卫矛可破血通经；
大戟能泄水利湿。
预知子补劳伤利便催生均可用；
菴闾子疗朴打通经散血又为良。
苎麻根能化血消骨梗而涂背痈；
灯心草可医淋止夜啼而敷乳毒。
青葙子明目而治恶疮；
乌桕木利肠而消肿毒（虚火勿用）。
以郁金而破血可治逆经；
用浮萍以祛风又能发汗（非实热不可轻试）。
石胆吐风热之痰；
硼砂治喉齿之痛
磁石能杀铁消金；
浮石主消痰止嗽。
蟅虫虻虫攻血破瘀；
白矾绿矾解毒化痰。
蜗螺、大蚰蜒利肠而医痔漏；
牡蛎涩精而使汗收。
蚌粉能消积化痰；

蛇蜕可祛风解毒。

人中黄消积化痰疗血热；

人中白清瘀降火治牙疳。

穿山甲通经下乳；

轮回酒降火滋阴。

凝水石能泄盛热；

慎火草专治游风。

蕤仁去目中之热邪（退翳膜赤筋）；

柿蒂止喉中止呃逆。

利水亦用荛花；

消暑正宜菱角。

蚯蚓泥治赤白痢兼散小儿之囊肿；

萹苣子杀虫蛇毒尤通产妇之乳浆。

便胀以螺壳而通（和盐捣烂敷脐下）；

胎死以蟹爪而堕（煎汤饮）。

粪蛆治毒痢而散腹中之积；

牛黄化火痰而追骨中之风。

二、补热性赋

草豆蔻燥湿祛寒治霍乱而止噎膈；

肉豆蔻温脾暖胃住泻痢而逐痰涎。

白附子去面上之游风且消斑暗（可治虚风冷气非真中风有痰者禁用、小儿慢风忌用）；

黑牵牛逐腹中之积水兼利湿痰。

樟脑散脚中之气；

乌头搜骨里之风(樟脑和乌头共为末置足心微火烘之汗出即止)。

蓖麻子治耳聋骨梗化而胞胎下；

蛇床子去囊湿阴痛止而产门收。
香薷利湿而清暑热；
香蓼明目而耐风寒。
木笔花治鼻渊为九窍风热之剂；
谷精草住头痛实两目翳障之方。
矾石攻心腹之冷痛；
砒石吐胸膈之顽痰。
大枫子有杀虫却毒之功；
晚蚕砂有燥湿祛风之妙。

三、补温性赋

天仙藤（瓜蒌藤）主活血治孕妇之水肿；
使君子主治疳杀小儿之虫积。
山柰疗心腹中之冷痛；
泽兰破瘀血之停留。
金凤花止腰痛活血而消积块（根叶子共捣烂能化鱼骨梗）；
木鳖子疗乳痈治痢而通大肠。
利水必用芫花可治皮肤胀满；
祛风必须茵芋能除手足拘挛。
胡桃（核桃）助相火以祛寒；
木棉治金疮而止血（烧灰捻之）。
罂粟壳涩肠而医肛脱；
鸡苏叶理血而治喉腥。
海松子止咳嗽而润肺燥；
海桐皮祛风湿而住腰疼。
三七专破血瘀；
旋蒿主续筋骨（《鼓子花》花根捣烂敷一日一易半月必续，服

3~5 钱）。

石榴皮治血痢敷肛脱而止带崩；

荔枝核治脘痛散卵肿而治呃逆。

佛手柑治咳痰而兼止呕；

皂角刺（天丁刺）治乳妒而疗溃痈（其性直达病所，为治溃痈之药，蒸晒研末和大黄调敷脐下可下胎衣）。

胡荽能发痘疮（痘疮不出用酒煎温，从头顶向下喷后盖被取暖即出）；

杨梅可医下痢（烧灰服之）。

山楂化积消痰并止儿枕之痛；

莽草祛风祛湿可敷乳毒之痈。

奶酣草止吐泻而定霍乱；

苏合香解郁结而辟恶邪。

橄榄化喉中之鱼骨；

芜荑杀腹中之鳖瘕（酒、血、气鳖，加暖胃理气之药可杀之）。

白丁香消积散瘕；

白芥子豁痰利气。

百部根解肺热而止咳嗽；

百草霜涂鼻衄而润咽喉。

当归补血而滑肠；

锁阳固精而利便。

乌龙尾止血而消食积小儿软毒更堪疗；

伏龙肝祛湿而治肠风妊妇死胎尤可下。

杉木消脚气而洗疮；

刀豆利肠胃而止呃。

油菜籽去头面之风乳痈亦妙；

荠菜根治赤白之痢目痛尤宜（和菜烧灰蜜汤调敷）。

四、补平性赋

赤柽柳理沙疹而解热毒；
白胶香治风疹而疗金疮。
天罗治肠风而下乳；
地锦通血脉而去淤。
木芙蓉消赤肿专疗疮毒；
水杨柳医黄疸并煖豆浆。
丹参能活血破瘀；
黄精能补中益气。
土茯苓止泻泄而利膀胱湿热亦解；
土连翘消肿胀而利肢节朴损兼疗。
龙须菜消瘿而利小便；
龙眼肉益智而补心脾。
萆薢治白浊还去肾中之积水；
萹蓄医黄疸兼疗血中之热淋。
木槿治肠中之血；
蔓荆去脑顶之风。
玉竹宜补中利湿祛风功颇异；
银花本解毒除痫宽膨用更奇。
开金锁理骨调经；
落花生补脾润肺。
重楼金线敷痈毒（服 3~5 钱）；
夏草冬虫止嗽痰。
合欢皮补阴之妙品；
鳖子木下产之良方。
东廧子壮骨强筋；

楠竹叶补精益气。
榧子能杀积虫；
匏瓜可消水肿。
枳椇子除烦渴而解酒毒；
枸橘叶医血痢而止喉瘘。
白及补肺气而止血出；
白果治带浊而定痰哮。
黑豆芽理气消水；
黄荆沥祛风化痰。
莲蕊须治吐崩而有效；
肥皂角敷肿毒以如神（服 3~5 钱）。
荷叶洗肾囊之风遗精立效；
松子塞齿孔之痛化毒如神。
续随子破血行水；
女贞子降火滋阴。
蝉蜕下妊妇之胎产；
兔屎稀小儿之痘疮。
露蜂房洗毒敷疮；
瓦楞子破瘀行气。
龙齿主治惊痫；
猬皮可疗血痔。
用猪脑以祛头风；
服獭肝而除鬼疰。
陀僧灭瘢暗而解狐臭；
云母涂痈毒而杀虫疮。
牛胶止泻而补虚；
马勃清中而退热。

附　录

吴汉仙部分著作简介

《中西医学四系全书》

卷数： 四卷。

内容简介：《中西医学四系全书》是近代吴汉仙编著的一部综合性中医著作，成书于 1946 年。卷一论生理，分中医生理与西医生理，又论气化为细胞之母；卷二论病理，以六淫为细菌之原，并述气化生菌、气化杀菌之原理；卷三为诊断，阐明发热原理，对肺结核、肠热证、脑膜炎、盲肠炎、糖尿病等中西合参，各述所长，各论其是；卷四为药物，辨中西药物之利害，论中药发展之必要。认为生理、病理、诊断与药物，为医学四系，每系各有合论分论，合论联贯中西，分论汇集中西之说，大纲毕举，疗法兼备，悉汇集于此，故曰“全书”。

版本信息： 现存 1946 年湖南中西医一家医院石印本。

《病理学讲义》

内容简介： 吴汉仙（字捷三，号梓湖医叟）、刘裁吾合编。刊于1934年。又名《中西病理学合参》。全书分三篇，首篇为病理概论，论及元气真阳之运动、营卫气血之征象、六经病证之传变、表里寒热之作用、新感伏邪之辨别等内容，认为元气真阳之运动为人生寿命之根，此中医所特重者，故列为首；二篇病原论，详论六淫、七情、六欲、五劳、七伤等，兼收西医之说，互为补充，以期臻于完善；三篇为病变论，认为中医学之主体在“气化”，故有六经变化之病理、五脏变化之病理、六腑变化之病理。本书考究中西学说之异同，略备梗概。

版本信息：现存1934年湖南国医专科学校铅印本。

《医界之警铎》

内容简介：《医界之警铎》是近代吴汉仙编著的一部医案医话类中医著作，成书于1931年。分上、中、下三篇。上篇名《西医正误录》，共载文章27篇，专为纠正余云岫醉心欧化、诋毁国医之偏论而设，取国医经验所得之事实，与西医研究所得之理论，正余氏之误；中篇名《中医破疑录》，共设23篇，专以原因疗法，解决一切疑难病证而设，强调中医以原因为本，证候为标；下篇名《国医存亡公理》，共31篇，专为挽救国医国药，以防文化、经济侵略而设，是篇互勘中西医药得失，依据事实而断之以公理，批评余氏摈弃国医、一味崇拜西医的思想，强调中医的重要，肯定了中医的学术地位。

版本信息：现存1931年商务印书馆长沙分馆铅印本。

湖南中医药大学发展简略

湖南中医药大学位于中国历史文化名城、湖南省会长沙，是湖南省重点建设本科院校，也是首批招收博士研究生、留学生及港澳台学生的高校。学校以本科教育为主，具有完整高等教育办学层次和多个学科门类、多种办学形式，是一所以教学为主体，集科研、医疗、校办产业综合发展于一体的高等中医药学府。入选国家“特色重点学科项目”建设高校。

湖南中医药大学创办于 1934 年，时名湖南国医专科学校，1960 年改办为普通高等本科学校湖南中医学院，2002 年湖南省中医药研究院与湖南中医学院合并，2006 年经教育部批准更名为湖南中医药大学。湖南中医药大学现与湖南省中医药研究院实行校院合一的管理体制。

截至 2018 年 6 月，湖南中医药大学有含浦、东塘 2 个校区，总占地面积 1018 亩，校舍建筑面积 47 万平方米。现有 2 所直属附属医院，13 所非直属附属医院，5 个校办合资企业。该校下设 19 个学院、16 个研究中心（所），开设 34 个本科专业，分属于医学、理学、工学、管理学、文学 5 大学科门类。学校图书馆藏书 109.7 万册，线装古籍 2.5 万余册。拥有教学科研仪器设备总值 1.5 亿元。

一、湖南国医专科学校时期

1933 年冬，湖南中医药界名流吴汉仙、张牧庵、易南坡、刘岳仑、余华龛、王纾青、郑守谦、郭厚坤、黄菊翘等人发起创建湖南国医专科学校。

1934 年春，正式成立湖南国医专科学校。吴汉仙担任副校长，易南坡任董事长兼顾问，时任湖南省政府主席何键担任名誉校长，培养出了著名中医学家、中医教育家任应秋等一代又一代的中医大师。

虽然时局动荡，战火纷飞，学校依然勉力支撑，直至 1941 年，学校几经搬迁，艰难竭蹶中无法坚持办学，被迫停办。但该校为后来的湖南中医进修学校乃至湖南中医学院的建设和办学，奠定了极其重要的前期基础。

二、湖南省中医进修学校与湖南省中医专科学校时期

1952 年冬，湖南省卫生厅委派唐构宇等筹建湖南省中医进修学校。

1953 年 11 月，经中南行政委员会卫生局和卫生部批准，湖南省中医进修学校成立，由时任湖南省卫生厅厅长张经兼任校长，提出“发扬祖国医学遗产，逐步提高中医的业务水平和社会主义觉悟”的办学方针，主要培训全省各级各类医疗卫生单位的在职医务人员。

1959 年 8 月，在湖南省中医进修学校的基础上成立了湖南省中医专科学校，超越了“进修”的教育形式，开办了中医大专层次的教育。

三、湖南中医学院时期

1958 年底，湖南省委、湖南省人民委员会决定在湖南省中医进修学校的基础上创办湖南中医学院。

1960年6月，在崔洪源、谭日强等人的筹建下，湖南省中医进修学校扩建为湖南中医学院，正式升格为本科层次教育。

1960年11月1日，湖南中医学院成立大会暨中医专业60级新生入学典礼召开，并确定这一天为校庆日。

1979年，湖南中医学院成为全国首批取得研究生学历教育的中医高等学府。

1986年，中共湖南中医学院第三届党员代表大会讨论确定校训为“文明、求实、继承、创新”。

1990年，原湖南科技大学并入湖南中医学院。

2002年，湖南中医学院与湖南省中医药研究院合并，实行校院合一的管理体制。

四、湖南中医药大学时期

2006年2月17日，经国家教育部批准正式更名为湖南中医药大学，同年学校整体搬迁至含浦校区。

2015年，入选“卓越医生（中医）教育培养计划”改革试点高校。

2018年，被选为湖南省“国内一流建设高校”。

2022年，成为湖南省第二轮“双一流”建设高校，同年省中医药研究院恢复独立建制。

2023年，高质量完成教育部本科教育教学审核评估，实现从应用型高校向学术型高校的跨越发展。

湖南省中医院的前世今生

郭　斌

湖南省中医院（湖南中医药大学第二附属医院）诞生于20世纪的中国，几经战乱，或经波折和磨难仍弦歌未辍，扶危济困、悬壶济世，坚强屹立至今，迎来新的辉煌。

20世纪初，美籍印度传教士爱德华·胡美在1906年创立雅礼医院（湘雅医院前身），湖南第一次拥有了综合性的西医医院。随着西医院的成立，很多中医药号和家族型中医医馆，也开始呼吁成立综合性的中医医院。但1929年2月，中医遭受惨重打击，国民党政府首次卫生行政会议，通过了余云岫炮制的《废止旧医以扫除医事卫生之障碍案》。之后，全国中医和众多有识之士群起反对，湖南中医界推选吴汉仙代表湖南国医分馆，谭日强代表湖南国医专科学校，赴南京参加全国中医代表团向国民党三中全会请愿的活动，这个反动方案才未能公开执行。

冒着“废除中医”的危险，1931年（民国二十年），当时的湖南省政府主席何键批准拨银圆1万元，抵押了长沙市沙河街56号大厦一栋，成立了湖南省最早的综合性中医医院——湘省国医院。同时，制订了《湘省国医院组织法》《湘省国医院院务委员会章程》及办事细则等。1934年5月，湘省国医院，在沙河街正式成立。

医院开办不久，由于经营问题，难以维持。在这样的情况下，王纾青出任院长，开始采取新的措施，挽救医院。他以挂号金为工资，其他收入留作医院积累，并在中山东路增设分诊所，方便患者就诊。当时，全院工作人员39人，另有护训班学员80人。分设内科、外科、喉科、眼科、幼儿科、产科、针灸科、正骨科、皮肤科、花柳科、戒烟科、痘麻科。开设病床 160 张。1935 年全年门诊 25813 人次，住院 1267 人。

随着中医界人士的不断抗争，终于在 1936 年，国民党政府被迫公布了《中医条例》，承认《中医专科学校暂行通则》，让中医取得了求生存、求合法的初步胜利。

抗日战争爆发后，日寇侵占了岳阳，国民党政府张皇失措，1938 年 11 月 12 日制造了“文夕大火”，湘省国医院随此被毁。

直至 1945 年抗日战争胜利后，湖南省中医师公会柳赠春、吴幼仙、谭日强、沈更生等常务理事，倡议筹备复兴湘省国医院，并决定改名为湖南国医院。当时的著名中医廖裕祥为了帮助筹建湖南国医院，慷慨地将他在张公祠毗连的 200 平方米地产捐献给了医院，湖南省国医院终于在 1948 年 9 月 6 日正式开业，地址就在今天的湖南省中医院所在地——营盘街，长沙市政府 2006 年特立“张仲景祠故址”碑以作纪念。

中华人民共和国成立后，1952 年 1 月，湘省国医院由省人民政府接管，改名为湖南省立中医院，归属湖南省卫生部领导，同年 9 月，下放给长沙市卫生局主管，改名为长沙市立中医院，1954 年复归卫生部领导，又改名为湖南省立中医院，从此，医院真正开始走向稳定发展的道路。

1960 年，随着湖南中医学院的成立，湖南省立中医院也改名为湖南中医学院第二附属医院。直到 2000 年初，在 6 位湖南省名中医 (谢剑南、谭敬书、孙达武、肖国士、贺执茂、欧阳恒) 写报告、递申请、联合签名之下，省卫生厅于 2000 年 12 月下发了“湘卫件”，恢复了“湖南省中医院”院名。

2002 年，湖南省中医院筹资 4000 万元，在蔡锷北路与营盘路交汇处西南角，修建了一座门诊教学综合大楼，总面积 9428 平方米，大大改善了门诊的医疗环境和医院的面貌。

作为最早的省级中医院，这座“湖湘中医发祥地，三湘名医之摇篮”已走过70余年风雨历程，目前已发展成为集医疗、保健、科研、教学为一体的国家三级甲等中医医院，拥有肛肠科、皮肤科、骨伤科、妇科不孕不育专科4个国家重点中医专科；心脑血管专科、中风专科、前列腺专科、急诊科4个省级重点中医专科。中医药优秀文化得到了很好的继承和弘扬，也一举奠定了其在湖南省内最具专科特色、中医药综合实力领先的地位。如今湖南省中医院正以崭新的面貌，一流的设施，齐全的功能，服务于三湘的父老乡亲。

来源：湖南中医药大学第二附属医院

“废止中医案”的前因后果与反思

国家中医药管理局医政司　陈珞珈

一、“废止中医”派的组织及代表人物

上海医师公会于1925年11月1日成立，该会名义上是职业团体，不是学术团体。在近代中西医之争中该会的骨干成员一直是“废止中医”派的中坚，是历次“废止中医”舆论和政治行动的策源地。当时以余云岫为首的“废止中医”派开始认识到全国中医界的力量比较强大，在民众中的信仰比较深，呼吁西医界团结起来共同对付中医界。这时一大批“废止中医”论者恰好集中在当时的舆论中心——上海，这就是上海医师公会成立的社会背景。该会的成员先后主办过《新医与社会汇刊》《社会医报》等刊物，除介绍一般西医常识及会务活动外，攻击中医的文章均先在这些刊物上发表。

上海医师公会的发起人为：余云岫、汪企张、蔡禹门、庞京周、徐乃礼等。首届会长余云岫。该会一直被“废止中医”派牢牢控制，是反中医色彩最浓的组织。

全国医师联合会于1929年11月9日成立，余云岫为执行委员会主席。该会职员中无一不是激进的“废止中医”派，而且以上海医师公会的成员占绝大多数，此后这个全国性的西医职业团体又成了西医联合对抗中医界的组织。

余云岫简介

余岩（1879—1954年），字云岫，号百之，浙江镇海人。青年时入浔溪学堂，1905年公费赴日留学，1908年入大阪医科大学预科，

1911 年回国。1913 再次赴日本大阪医科大学，1916 年毕业回国。先后任公立上海医院医务长、商务印书馆编辑，后开业行医。1929 年出席南京第一届中央卫生委员会，提出“废止中医案”；1934—1939 年主编《中华医学杂志》。1950 年出席全国第一届卫生会议，1954 年病死于不完全性肠梗阻。余氏以医学革命为口号，主张废止中医。1917 年著《灵素商兑》为全面批判中医的第一作品。此后不断发表文章，分别编入《医学革命论》初、二、三集中。中华人民共和国成立后有《古代疾病名候疏义》刊行。

余云岫攻击中医说：“不是夸口，我若挂起中医的牌子来，恐怕可以做成上海不可多得的有名中医，说不来要做上海第一等的中医……门庭一定比现在更加兴旺。夺了旧医的饭碗，恐怕旧医还要来亲近亲近。”“讲到新旧两医，那一重门户能够限制我，他们喜欢谈气运，我就同他谈气运，他们喜欢谈易理，我就同他谈易理，穿房入户升堂入室，连旧医的厨房、亭子间、屋顶、地下室都走到，简直可以说没遮拦，还有什么界限可分、门户可争呢？所以这部书是旧医的入室操戈、心腹大患，不是单单向着旧医骂山门的伎俩。”（《医学革命论初集·自序》上海余氏研究室出版，1950 年。）

“你若不去向他们攻击，他们永远不会变迁……现在出一班不三不四、不上不落的医生来是最能够混乱青紫、颠倒黑白，最是流毒社会。这都是你教坏的，你拼命攻击旧医，结果是教训他们寻出一条生路。旧医骂你实在是以怨报德，应该立个长生牌位供养你才是。”（余云岫《医学革命论初集·自序》第二版。）

“现在国医们的心中暗里也知道，医学是非挂上科学的招牌不行。于是乎就说五行生克也是科学，说金克木是肺病传染于肝的意思，土生金就是脾胃强了肺也可以受好影响……总而言之，国医们闭着眼睛说，横着心胡闹，无非是扰乱是非，颠倒黑白，搅得混乱黑暗方才可以落脚，方才可以鬼混下去。若是弄得水清沙白，那班牛鬼蛇神是没有容身的地位了。大凡不干正经的人专靠胡乱两个字来生活……”（汪企张《二十年来中国医事刍议 · 余云岫序》。）

二、“废止中医”的第一届中央卫生委员会

1927 年，蒋介石背叛革命并抢占南京，不久开始粉饰太平，1928 年国民政府召开教育会议，1929 初又召开第一届中央卫生委员会作为国家“太平”的最后标志，也是所谓“训政”时期的开始。然而这次会议却使卫生界大乱了 10 年。

1929 年 2 月 23 日—26 日南京卫生部召开第一届中央卫生委员会，由卫生部副部长刘瑞恒主持，出席人员有褚谊、颜福庆、伍连德、余云岫等 14 人，与会者没有一中医，西医中除元老外便都是“废止中医”派。会议提出了 4 个提案。①中字第十四号提案：“废止旧医以扫除医事卫生之障碍案”（余云岫提）。②生字第二十二号提案：“统一医士登录办法”。③生字第三十六号提案：“制定中医登记年限”。④生字第四十二号提案：“拟请规定限制中医生及中药材之办法案”。这四个提案合并为“规定旧医登记案原则”。

“甲：旧医登记限至民国十九年底为止。

乙：禁止旧医学校。

丙：其余如取缔新闻杂志等非科学之宣传品及登报介绍旧医等事由卫生部尽力相机进行。”

这就是习惯上说的“废止中医案”。

以上四案虽合并为一，而实际上余云岫的提案概括了其他之案。余氏提案中说：“旧医一日不除，民众思想一日不变，新医事业一日不能向上，卫生行政一日不能进展。”其提案第二条说“取缔反动宣传”“眼红耳热，动日火旺，烦躁易怒，辄称肝气，严格言之，都属反动……应明令禁止……”。又说：“一禁止登报介绍旧医。二检查新闻杂志，禁止非科学医之宣传。三禁止旧医学校。”余氏

还另外拟了“请明令废止旧医学校案”呈教育部。当时的会议上，除一个外行次长和一两个参事抱怀疑态度，其余是满场一致通过。此案一出，全国震动，中医界空前大团结、大觉醒。余云岫曾多次解释说，他的打算是在50年内逐渐消灭中医并同时培养西医。但如果他的提案强令执行，则中医将被立即消灭，而且南京政府是有意要这样做的。

中医界对这个提案的反应既迅速又准确，未经此案正式宣布，已形成全国沸腾的局面，数日之内，反废止之风潮遍及全国，而且召集会议提出对策，连余氏及南京政府都感到出乎意外。

三、中医药界反“废止”的斗争

南京医药界立即鼎沸，上海特别是市中医协会常务委员夏应堂、殷受田、朱少波等立即致电南京卫生部，坚决反对，并将电文登在2月27日《新闻报》上，作为告全国中医同志书。3月2日，余云岫主编的《社会医报》出了一期中央卫生委员会特刊，正式将废止中医案公布，一时气氛非常紧张，开始短兵相接，几天之内全国中医团体质问国民政府的信件和电报数不胜数，致电反对的还有各大城市的药商团体，全国商会联合会亦电请保存国医，社会各界对中医药界的要求多数表示同情。

在大造舆论的同时，上海中医协会召集全沪医药团体联席会议讨论对策，张赞田首先倡议在上海召开全国医药团体代表大会，时间定在3月17日。他们将开会的通告在上海最大的报纸新报、申报上发表，同时以快邮代电通知国内各重要的中医药团体和学校。结果会议按期举行，声势非常浩大，到会有17个省、132个团体、272人。大会有的口号喊出“打倒余汪提案就是打倒帝国主义”“提倡中国医药就是保全中国文化经济”“中国医药万岁”等。3月17日，全上海的中医药界罢工休业半天，并提供全部交通工具全力支援大会，抗议国民政府。这次大会提出了不少提案，最主要的有请求中医加入学制系统；成立全国医药团体总联合会；定3月17日为国医节；立即派代表赴京请愿等。三天会议开得非常成功，19日闭会后，推选谢利恒、陈存仁等六人赴南京请愿。当时正是国民党第三次全国代表大会期间，当时国民政府主席蒋介石未接见代表，也未表态。国民党要员谭延闿、薛笃弼等接见了请愿代表，薛讲了一些安慰的话。国民政府为息事宁人，答应“废止中医案”暂不施行。

谁知风波又起，请愿后1个月，南京政府教育部发出布告“中医学校一律改称传习所”。不久，卫生部通令“禁止中医参用西法西药”，废止中医的部分主张又付诸实施了。教育部的通令中说：“各国通例，医士培养年限较长，必须毕业于大学或专科，并在医院经过相当时期之实习者始准开业。查现有之中医学校，其讲授与实验皆不以科学为基础，学制系统内之名称应一律改称中医传习所以符合名实。此项传习所既不在学制系统之内，亦毋庸呈报教育行政机关立案。”这个布告完全是自相矛盾的，为此，全国中医药界十分愤慨，于1929年12月1日—5日在上海再次召开“全国医药团体临时代表大会”，到会的有17个省及南洋、菲律宾等地共223个团体、457位代表，规模及声势比3月会议更大。会议的重要议案有：要求中医参加卫生行政；中医药一律改称国医国药；编纂中医药字典及中医教科书；争取社会舆论等。会议推选请愿代表23人，另推选程调之等4人。通过这次会议，中医药界更加觉醒，更加团结，声势也更浩大。国民政府见事态扩大，不好收场，于是蒋介石以国民政府文官处的名义发函撤销教育、卫生两部的布告，于是请愿代表欣然而归。谁知这是缓兵之计，过了3个月，教育部又推翻了这个承诺，而蒋介石身兼教育部部长。

国民政府对全国医药团体总联合会既害怕又忌恨，因为该会人力、物力、财力都很雄厚，又与政界、军界有着联系，动辄通电全国，号召组织力很强，他们于1929年10月23日命令该会修改会名及章程，该会坚决抵制，1931 年 3 月，国民党中央执委会常务委员会（国民党最高决策机构）以该会不符合法律而强令解散。这个组织虽然名义上不存在了，但仍领导着全国反废止中医的斗争。

1934 年 1 月 22 日，国民党四中全会开幕，全国中医药界代表方富建等 54 人赴南京请愿，全国中医药界全部停业 1 天，表示声援和支持。当天南京市中医药界参加请愿的人数达 2600 余人，分别在国民党四中全会会场、国民政府、行政院、立法院前列队高呼口号，提出以下要求：①平等中医待遇；②速宣布立法院通过之《中医条例》；③取消不准中医设立学校之命令，并拨专款办理一切中医建设事业。

四、反废止斗争的成果——中央国医馆与中医研究院

1930 年左右，国民党政府内部矛盾重重，南方又发生了倒蒋的军阀战争，蒋介石又要调集兵力围剿苏区红军，而这时中医药界的反废止斗争又扩大到全国，甚至国外，矛头直指国民政府，因此，社会舆论对国民党很不利。由于这方面的压力很大，国民党既不想承认中医药的合法地位，又要缓和中医药界的情绪和社会舆论，于是就批准成立了国医馆。

成立国医馆的提案是 1930 年 1 月由全国医药团体总联合会提出的，这个提案搁了几个月后突然被国民党要员看中。1930 年 5 月 7 日，在国民党中央执行委员政治会议第 226 次会议上，谭延闿、胡汉民、陈立夫、焦易堂等 7 人提出了这个提案，同年国民政府文官处第 389 号公函答复“奉谕，事尚可行”。这是指蒋介石的意见。

为什么国民党一些要人会提出此案？一方面这些人多是国民党元老，但不是蒋介石的心腹，它们借中医以自重，以遏制蒋介石。二是怕中医药界及整个社会舆论的强烈反对，不采取安抚措施，会激化生变。三是少数人确实有意支持中医。其中以焦易堂为代表，焦政治上与冯玉祥接近，为立法院委员和最高法院院长。从 20 世纪

30年代到抗战末期，他一直作为中医药界在国民党上层的代言人。

中央国医馆是一个半官、半民、半学术、半行政的特殊组织，是一种特别时期特别情况下的畸形机构。南京政府给它的经费名义上是每月5000元，但从第二年开始就减了一半，到抗战时期停止。这是清末以来反动统治的中央政府给予中医药的唯一的财政支持。但是，这几个钱只能支付几个文职人员的薪金。所以，国医馆迟迟办不起刊物，办不起训练班，只好可怜地靠各地分馆和各地中医药界的接济来维持。它既无行政管理权，又无学术领导权和事业经费，所以一直无所作为，也没有办法有作为。

中央国医馆成立于1931年1月15日，理事长一直由陈立夫担任，馆长一直由焦易堂担任，副馆长为陈郁、施今墨，1938年抗战开始后，国医馆再未开展活动。

1932年，立法院宣布要成立“中医研究院”，其宗旨是以科学方法与技术来研究中医，此院直属内政部，中医界目的也是想以研究院来与卫生部抗衡，因为卫生部既不管中医又反中医。但是，这时的中西医之争已卷入国民党上层的派系斗争，汪精卫控制的行政院不同意成立这样一个机构，而内政部又归行政院管，所以中医研究院在中华人民共和国成立前只是一纸空文。

五、反废止斗争的重要产物——中医条例

国医馆成立后，焦易堂等先从上层活动，联合了石瑛、陈立夫、陈果夫、邵力子等29名国民党中央委员，起草了《提议制定国医条例拟责中央国医馆管理国医以资整理而利民生案》，由石瑛为首在1933年6月提交国民党中央政治会议第360次会议。《西医条例》早在1930年就公布了，故提此案在当时是引之有据言之成理的。当时国民党中央政治会议将此案批给行政院的内政、教育两部审议，当时坚决反对中医的汪精卫任行政院长，自然通不过，行政院于6

月 27 日召开第 112 次会议将此案否决。国民党中央政治会议又将此案转立法院法制委员会审议，而焦易堂正好当法制委员会委员长，立法院法制委员会第 43 次会议通过了此案，这样一来行政与立法两家各不相让，相持不下，因此《中医条例》仍无法颁布实行。

南京政府为这件事闹得不可开交，行政院院长汪精卫写信给立法院院长孙科，诬蔑公布《中医条例》，有关“国内人民生命，国际体面……恐非中国之福”，叫孙科不要公布实行，但这封原信被《医界春秋》杂志的主编设法得到了，并予以公布揭露，又激起了全国中医药界的强烈抗议。按照常理，立法院通过后行政院就必须公布执行。但汪精卫以辞去行政院长的职务相要挟，不准通过；立法院院长孙科也气急败坏地以辞职来恐吓，非要通过，两边大闹一场，针锋相对都难取胜，这样闹了近 1 年。

1935 年 11 月，国民党召开第五次全国代表大会，会上冯玉祥联合国内外代表 32 人提出“提议政府对中西医应平等待遇以宏学术而利民生案”，此案义正词严，有理有据，加上孙科、陈立夫、陈果夫、焦易堂等一大群人的支持，蒋介石亦感到没有托词，也推不过去了，于是，这项屡经难产并引起两院干戈的《中医条例》终于在 1936 年 1 月 22 日公布。

六、反思

第一点，废止与反废止的斗争，是近代中国文化思想史上的一件大事，是我国一种特有的历史现象，有着深远的政治思想，文化背景，并涉及统治阶级的上层社会，它是在我国迅速发展的现代医学和庞大深厚的传统医学并存与撞击的特定历史时期出现的。学术体系上的矛盾是造成论争的内因，而近代西方文化的侵入、全盘西化思想的出现、国民党政府的崇洋政策，以及“废止中医”派长期把持着卫生主管部门是造成斗争的外因。但是，全国中医药界团结一心，同仇敌忾，不仅敢于同学术偏见和文化围剿作坚决斗争，同时敢于同反动政府作直接斗争，几十年前赴后继，终于保存了国粹，保存了珍贵的祖国医药文化遗产。

第二点，中医药界必须精诚团结，自尊自强。

从清末到北洋军阀和国民政府，以及当时西医中的一部分人，消灭中医之心不死，或者从行政管理上限制、削弱中医；或者从学术围剿、攻击中医；或者从医疗市场上与中医争夺。中华人民共和国成立以后、重西轻中，重西轻民（族医）的思想影响并未完全消除，事业曾经走过弯路，近年否定诋毁中医的文章时见报端。过去全国中医药界靠团结与斗争保存了国粹，今后仍然必须精诚团结，团结才有力量，团结无坚不摧，而内耗只会使亲者痛，仇者快，只会削弱自身。无论是全国的中医行政管理界，还是中医学术界，都要居安思危，精诚团结，自尊自信，自强不息，很多时候要以民族大义和事业大局为重，甚至忍辱负重。舍己卫道，用一百万个中医药人员的二百万只手，来建设振兴中医的历史大厦。

第三点，发展中医药事业，一靠政策、二靠投入、三靠科学。

在二十世纪二三十年代，中医在法律上没有地位，在学术上又得不到国家卫生部门的承认，因此，当时中医药界为之拼死奋斗的是争地位，求生存，其他方面则无力顾及。今天状况已不同昔，中医的法律与学术地位都得到了国家承认和社会公认。但是，中医事业的资源贫乏，学术发展又较慢，这种状况较难与迅速发展的西医长期共存并驾齐驱，因为谁执未来医疗市场之牛耳，要看谁拥有资源优势和技术优势，而目前西医在资源上已占优势，学术上的发展亦较迅速。因此欲兴中医必须综合治理，三足竖鼎，以党的政策为保证，以政策投入为基础，以提高学术为目的，使机构、队伍、学术都有一个很大的发展与提高，这样，千年岐黄之术方能立于不败，并永驻神州。

来源：《中国农村卫生事业管理》1991 年第 8 期

论近代几位湘籍中医教育家

湖南中医学院 周贻谋

摘要： 对20世纪30年代几位湘籍中医教育家吴汉仙、易南坡等人的生平事迹及其主要成就作了论述。他们当时敢于抵制国民党政府企图消灭中医的错误政策，历尽艰难曲折，千方百计地办起了湖南国医专科学校，先后历时数年，培养了一批优秀的中医人才。他们还创办了中医刊物，公开出版著作，为弘扬中医学术做出了较大的贡献。他们医术精湛，医德高尚，注重言传身教，堪称后学者之楷模。

关键词： 湖南省；中医教育家；近代。

自20世纪30年代以来，湖南有几位中医专家在极端困难的条件下，曾集资开办中医医院，设立中医学校，创办中医刊物等。特别是国医专科学校的创办，直接跻身于高等、中等医药教育之行列，培养了不少人才，为当时拯救和发展中医药事业做出了贡献。

湖南国医专科学校是当时国内颇享盛名的中医院校之一，该校于1934年春，由吴汉仙、易南坡、刘岳仑等人发起创办，前后历时5年余，培养了数百名学生。招生范围遍及全国9个省市，前来就读的有不少英才。已故著名中医教授任应秋、谭日强、夏度衡等，都是当年该校毕业的学生。该校在中国中医教育史上留下了光辉的一页。在创办该校的人员中，除首任校长刘岳仑为非医学专业出身的士绅外，其他主要成员，如吴汉仙、易南坡、罗振湘、郑守谦等，都是著名的湘籍中医专家。下面特对上述4位中医专家分别进行介绍。

一、吴汉仙

吴汉仙（1876—1948年），字捷三，号桦湖医叟，湖南岳阳人。为人聪明颖悟，初习举子业，17岁补博士弟子。既而废科举，乃从祖父吴南塘习医，尽得其传。曾做过军医。1928年秋，悬壶于长沙市，先后与同仁创办了国医讲习所、国医专科学校和国医医院等。历任湖南国医分馆馆长，湖南国医专科学校副校长、校长，《医药月刊》编辑部部长及主编等职。传世的医学著作有《雪鸿医案五种》《医界之警铎》《中西医学四系全书》等。

吴氏毕生从事中医临床与理论研究，尤其重视中医教育。为了争取中医办教育的权利，他进行了不屈不挠的斗争。1929年3月，他撰写了《驳中央卫生部废止国医决议案通启》，极力反对国民党政府消灭中医的错误政策，坚决捍卫民族医学遗产。1930年，国民政府教育部通令全国中医学校一律改为讲习所，他又赶写了《欲救我国医药之危亡急宜采用科学方法而谋根本上革新之建设》一文，并且通电全国，激起各界反抗，迫使教育、卫生两部取消其禁令。1937年，吴汉仙曾向国民党五中全会上书，提出了实现中西医平等的3条建议：①《国医条例》应予公布；②卫生机关应添设中医；③准许中医建立学校。尽管他的建议有如石沉大海，但他谋求中医事业生存和发展的初衷始终不改。

吴汉仙毕生为捍卫和发扬中医药学遗产，为筹办国医医院和国医学校，网罗和培养国医人才，夙兴夜寐，殚精竭虑，真可谓“鞠躬尽瘁，死而后已”。正如他在自题诗中所表述的“欧风浩浩撼乾坤，谁起轩岐已死魂，手拨秦灰传绝学，是非留待后人论”（文中所有引文均见于苏健吾先生所写《回忆湖南国医专科学校》，油印稿，未发表。苏先生是当年湖南国医专科学校教务处职员，已于前几年去世）。吴汉仙为保存和发展中医药学，特别是为发展中医教育事业，做出了不可泯灭的贡献，他的名字也将永垂青史，为后学者所景仰。

二、易南坡

易南坡（1882—1966年），字逊叔，湖南浏阳人，行医50余年，是一位著名的儿科专家。曾担任湖南国医分馆副馆长等职。

易南坡早在20世纪30年代就积极参加中医自救活动，反对国民党政府对中医的摧残。他在后来出版的《医药法规》中，以丰富的材料、充分的论据、严密的逻辑据理驳斥了鼓吹消灭中医的种种谬论。他与吴汉仙等一道创办湖南国医专科学校，并且亲自执教，主讲《卫生学》等课程。他锐意进取，不断求新，曾经自学西医知识，有时还用中西对比的方法进行课堂讲授。他强调学以致用，注重将基础理论与临床实践紧密地结合起来。他曾创办《湖南医专期刊》和《湖南卫生报》，积极宣传中医药知识。为了建设湖南国医馆和湖南国医院（湖南中医学院第二附属医院的前身），易氏同样做出了不懈的努力。他又曾私人开办“湖南儿童专科医院”，这是湖南最早附设病房的中医专科医院。易氏为保存和弘扬中医学，为培养中医人才，费尽了毕生心血，同样功不可没。

三、罗振湘

罗振湘（1879—1966年），字瑾仁，湖南浏阳人，杰出的中医学家。他幼年从父习医，后又考入医科学校，1909年毕业于湖南官立医学堂。随后悬壶于湘、鄂、浙之间，屡决生死，医名大振，曾被南京中央国医馆特聘为名誉理事及编审委员。1933年至1938年，先后任湖南国医专科学校副校长及湖南国医院医务部主任。著有《伤寒方症歌括》《金匮方症歌括》及《治痢南针》等。罗氏坚决要求实现“中西平等待遇”，曾撰《医学辟谬》一文，据理对歧视中医和鼓吹消灭中医的种种谬论进行驳斥。他明确提出，要想保存中医，就非办中医教育不可，因而与吴汉仙、易南坡等共同创办湖南国医专科学校。他除了亲自给学生讲授《诊断学》，还直接担任中医门诊工作。他很注重言传身教，不但引导学生专心致志地精研医术，而且十分重视医德教育，要求学生做到德艺双全。他经常告诫生徒说："人生天地，不过数十寒暑，要珍惜光阴，奋发学习。不为良相，当为良医。医药关系人民之健康，国家之强弱，医者所负之重大使命，不得考虑个人得失，才是炎黄子孙。"

罗氏的精湛医术和高尚医德，足以垂范后学，很值得赞颂。

四、郑守谦

郑守谦（1891—1969 年），名啬园，字家作，湖南长沙人。郑氏七世业医，有很深的家学渊源。他克绍箕裘，精究岐黄，熟读《黄帝内经》《难经》及其他古典医籍，悬壶济世，活人无数。郑氏精通内、妇、儿诸科，尤其擅长诊治妇科疾患。他在 64 岁以前，一直在长沙行医，1955 年调至北京中国中医研究院西苑医院，任妇科主任。

郑守谦非常重视中医教育，早在 1924 年，就执教于湖南孔道大学中医专业班，后来又随其父郑修诚创办长沙明道中医学校，亲自授课并编写教材。1935 年后，出任湖南国医专科学校教务主任，兼授杂病、药物、方剂等课程。他明示学生，在学术上一定要集思广益，绝不可偏执一隅。他说："医学岂易言哉！炎黄以后作者代出，言人人殊，其下焉者，朱紫混淆，龃龉层见，使读者无所适从。如子和主攻，河间主火，东垣以专理脾胃擅长，丹溪以气血痰郁食湿分治，四家为世所崇，而其派实别。倘或偏执拘守，则学有异同，不能集思广益，讵足以符博审慎明之旨，而成望、闻、问、切之功欤！"由此可见，郑氏在学术上能博采百家之长，融会贯通择善而从，有所创新。这对引导学生搞好专业学习来说，是很有启发和帮助的。

郑氏治学严谨，崇尚医德，身教重于言教。明代著名外科医家陈实功曾有“五戒十要”之论，郑守谦亦自立医戒10条：一戒自满，二戒偏执，三戒饰非，四戒嫉妒，五戒欺诳，六戒好奇，七戒轻妄，八戒贪功，九戒顺俗作解，十戒弃贱畏难。这些既可作为医德规范，也可作为做人处世的基本原则，至今仍能给人们特别是广大医务工作者提供有益的启示和深刻的教育。郑氏在编完《妇幼杂病方略》以后，曾吟七绝诗一首：“平生心力写医笺，只觉民间病可怜，薄技且从低处学，丹心求到百家诠。”此诗表明他高度同情人民群众疾苦，谦谨好学，力求融会贯通百家，以及在医术上精益求精，此种态度和精神很值得后学者效法。

附注：文中有些珍贵资料，是当年在湖南国医专科学校工作或学习过的苏健吾和唐构宇两位先生生前口头提供的，笔者在此谨表谢忱，并示铭记不忘。

后 记

《湖湘一代名医：吴汉仙学术思想研究》一书经历 2 年多时间的整理和编写，终于要出版发行了。

本书的出版，一要感谢湖南中医药大学、湖南中医药大学图书馆、岳阳市委、岳阳市政府、岳阳市卫健委、岳阳市中医医院、岳阳市健康促进会等领导及卫生系统同仁们的关心与支持；二要感谢为本书付出心血和努力的采编人员；三要特别感谢的是在本书编写的过程中给予指导和支持的各领域专家教授。

本书在编写过程中还得到了罗忠良、章枝柳、方谭玮、刘祖保等同志，以及中国科学技术出版社领导与编辑的大力支持和帮助，湖南省摄影家协会副会长、岳阳市摄影家协会会长李敏先生为本书精心摄影，他们为本书的出版付出了很多心血和汗水。本书参考了大量相关文献，由于篇幅所限，未一一说明出处，在此一并表示衷心的感谢！

对于书中纰漏之处，敬请各位专家和读者批评指正。

编　者